Luan Ferr

Arcturianos
Geometria Sagrada e Símbolos de Cura

Título original: *Arcturianos - Geometria Sagrada e Símbolos de Cura*
Copyright © 2022 por Luan Ferr
Todos os direitos reservados a *Booklas.com*
Este livro destina-se ao desenvolvimento pessoal e espiritual. As informações e práticas descritas aqui são baseadas em estudos, conhecimentos tradicionais e experiências de autores e especialistas nesta área. Este conteúdo não substitui o aconselhamento médico nem terapias convencionais, servindo apenas como recurso complementar para o bem-estar e o crescimento pessoal.

Editor
Luiz Antonio dos Santos
Revisão de Texto
Gabriel Monteiro
Beatriz Cardoso
João Pereira
Design Gráfico e Diagramação
Clara Martins
Capa
Studio Booklas / Lucas Nogueira

Arcturianos - Geometria Sagrada e Símbolos de Cura / Por Luan Ferr
Booklas, 2024.
Cura energética. 2. Geometria sagrada. 3. Desenvolvimento espiritual.
I. Monteiro, Gabriel. II. Ferr, Luan. III. Título.

DDC: 299.93
CDU: 299.936

Todos os direitos reservados por
Editora Booklas
Rua José Delalíbera, 962
86.183-550 – Cambé – PR
Email: suporte@booklas.com
www.booklas.com

Sumário

Capítulo 01 Conexão 12
    Conexão com a Energia dos Arcturianos e Com o seu Eu Superior 12
    DHEVIN'ARCTURUROS 12
    Conexão Com os Arcturianos: Explorando a Energia dos Arcturianos e Estabelecendo uma Conexão Pessoal 13
    Sintonizando-se Com o Eu Superior: Aprofundando a Conexão Com o Eu Superior e Integrando Sua Orientação Na Vida Cotidiana 15
    Despertando a Consciência Cósmica: Expandindo a Percepção Para Além Do Eu Individual e Conectando-se Com a Consciência Cósmica 18
    Alinhando-Se Com a Missão De Vida: Descobrindo E Fortalecendo A Conexão Com a Missão De Vida Pessoal e o Propósito Maior 21

Capítulo 02 Proteção 24
    Cria Uma Barreira de Luz Azul em Volta da Pessoa, Protegendo-a de Energias Negativas 24
    THEMA'LLESH 24
    Escudo de Proteção Energética: Explorando a Criação de um Escudo de Luz Azul Para Afastar Energias Negativas e Manter-se Protegido 25
    Harmonização de Ambientes: Utilizando o Símbolo Para Proteger e Purificar Ambientes, Criando um Espaço Seguro e Positivo 27
    Proteção Emocional e Psíquica: Fortalecendo os Limites Emocionais e Mentais, Protegendo-se de Influências Externas Indesejadas 29

Proteção Durante o Sono: Utilizando o Símbolo Para Criar uma Barreira Protetora Durante o Sono, Promovendo um Descanso Tranquilo e Regenerador 30

Apresentação do símbolo de proteção 31

Criando uma barreira protetora durante o sono 32

Capítulo 03 Cura 35

Ativa a Capacidade de Autocura da Pessoa, Harmonizando seus Corpos Físico,Emocional, Mental e Espiritual............................ 35

ARCTURY'ANN 35

Autocura física 36

Ativando a autocura com o símbolo de proteção 37

Cura emocional e mental 38

Cura espiritual e energética 41

Meditação de conexão 42

Transmutação de energias densas 42

Restauração do equilíbrio energético 43

Oração de cura 43

Harmonização dos corpos sutis 45

Capítulo 04 Purificação 49

Limpa e Purifica Toxinas, Impurezas e Bloqueios Energéticos 49

OM'MAHN TERASH 49

Limpeza física 50

Purificação energética pessoal 52

Limpeza de ambientes 55

Purificação emocional 57

Capítulo 05 Integração 62

Integra todos os aspectos da pessoa, unificando personalidade e alma 62

THEMA'LLESH 62

Unificando os Aspectos Internos: Integrando os Diferentes Aspectos da Personalidade e Alinhando-os Com a Essência do Ser 62

Trabalhando na unificação e equilíbrio dos corpos emocional, mental e espiritual 64

Integração com a sabedoria ancestral: Incorporando os ensinamentos e a sabedoria transmitida pelas gerações passadas 67

Alinhando-se com a alma: Explorando a jornada de integração entre a personalidade e a alma, alinhando-se com o propósito de vida 70

Capítulo 06 Manifestação 72

Potencializa a Capacidade de Manifestar Desejos, Alinhando-os Com o Seu Propósito Maior 72

ARCTURY'ANN 73

Alinhando-se com o propósito maior 74

Utilizando o símbolo "ARCTUR'ANN" 74

A influência dos pensamentos, emoções e crenças na manifestação da realidade 75

A importância de estar consciente de suas intenções 78

Alinhamento com o fluxo universal de energia para criar resultados positivos 80

Passo a passo para a co-criação consciente com o símbolo "ARCTUR'ANN" 83

Conexão com o símbolo "ARCTUR'ANN" 83

Direcionando a intenção para manifestar desejos 85

Alinhando-se com a energia da abundância: Expandindo a consciência para a energia da abundância e permitindo que ela se manifeste em todas as áreas da vida 88

Compreendendo a energia da abundância 88

Sintonizando-se com a energia da abundância 91

Utilizando o símbolo "ARCTUR'ANN" como uma âncora para a energia da abundância 91

Prática de visualização para se conectar com a energia abundante 93

Trabalhando com afirmações positivas para reprogramar crenças limitantes e fortalecer a mentalidade da abundância .. 94

Despertando a gratidão e a generosidade 96

Prática de gratidão diária para abrir espaço para mais bênçãos 97

Cultivando a generosidade como um ato de compartilhar e receber ainda mais abundância 98

Co-criação consciente com a energia da abundância 99

Compreendendo a importância da ação alinhada com a energia da abundância 100

Identificando oportunidades e seguindo a orientação do universo 100

Prática de co-criação consciente com o símbolo "ARCTUR'ANN" 101

Capítulo 07 Transmutação 104

Transmuta Energias Densas em Energias mais Leves, Facilitando a Liberação de Traumas, Medos e Padrões Limitantes 104

OM'MAHN TERASH 104

Trabalhando com o símbolo da Transmutação OM'MAHN TERASH para liberar e transmutar traumas emocionais e energéticos do passado 107

Transmutação de energias densas Aplicando o símbolo para transformar e elevar a vibração de energias densas, promovendo o equilíbrio e a harmonia 110

Expansão da consciência de cura Integrando a energia de transmutação em práticas de cura, ampliando os resultados e possibilitando uma transformação profunda.................... 112

Capítulo 08 Expansão.. 116

Expande a Consciência, Abrindo-a Para Novas Possibilidades e Percepções.. 116

ARCTURY'ANN.. 116

Abertura para novas possibilidades 117

Explorando dimensões superiores 119

Utilizando o símbolo da Expansão e explorando dimensões superiores... 120

Conexão com seres de luz... 122

Utilizando o símbolo da Expansão e estabelecendo a conexão com seres de luz.. 123

Expansão da consciência coletiva... 125

Autodesenvolvimento e crescimento pessoal 126

Compartilhamento de sabedoria e conhecimento................... 126

Práticas de meditação em grupo 126

Serviço à comunidade e ao mundo 127

Práticas de visualização e intenção... 127

Capítulo 09 Sabedoria 129

Estimula a Intuição e a Sabedoria Interior Ajudando a Encontrar as Respostas 129

ARCTURY'ANN.. 129

Explorando a conexão entre a intuição e a geometria sagrada arcturiana. Apresentação do símbolo "ARCTURAN'ANN" como um ativador da intuição... 130

Cultivando a intuição e superando bloqueios 132

Técnicas para desbloquear o canal intuitivo 133

Utilizando o símbolo "ARCTURAN'ANN" como ferramenta intuitiva 134

Meditação como ferramenta para acessar a intuição 135

Manifestações da intuição... 137

Clariaudiência como aspecto da intuição................................... 137

Clarividência e sua prática... 137

Clarissenciência e a percepção energética............................ 138

A intuição e o Eu Superior... 139

Práticas para se conectar ao Eu Superior.............................. 139

Meditação como caminho de conexão................................... 140

Escrita intuitiva e insights.. 140

Quietude e silêncio como prática... 141

Integração da intuição na tomada de decisões...................... 141

Bem Vindo

Este é um mergulho fascinante no mundo da intuição e da geometria sagrada arcturiana.

Este livro foi criado com o intuito de ajudá-lo a despertar e fortalecer sua conexão com a sabedoria interior, expandindo sua consciência e trazendo clareza e orientação para sua vida.

Ao longo das páginas deste livro, exploraremos a poderosa ferramenta da intuição e sua importância como guia e conselheira em nossa jornada pessoal.

Nossa busca por sabedoria interior nos levará a desvendar os mistérios da geometria sagrada arcturiana, uma forma de expressão visual que transcende os limites da mente e se conecta diretamente à essência divina.

A geometria sagrada arcturiana é uma antiga linguagem visual que ressoa com as frequências mais elevadas do universo. Ela é composta por símbolos e padrões geométricos que possuem um profundo significado espiritual e energético. Esses símbolos são portais de sabedoria e catalisadores de transformação, capazes de expandir nossa consciência e abrir portas para novas percepções e possibilidades.

Neste livro, exploraremos os segredos da geometria sagrada arcturiana, mas também iremos além, aplicando seus princípios e ensinamentos à nossa jornada intuitiva. A geometria sagrada arcturiana servirá como uma âncora para nossa exploração da intuição, nos ajudando a despertar e fortalecer esse poderoso recurso interior.

Ao longo dos capítulos, abordaremos diferentes aspectos da intuição, desde o despertar até a integração na vida cotidiana.

Discutiremos bloqueios e como desbloquear o canal intuitivo.

- Aprenderemos a interpretar os sinais intuitivos e aprofundaremos nossa conexão com o Eu Superior.
- Exploraremos estratégias para a tomada de decisões baseada na intuição, cultivaremos a confiança em nossa sabedoria interior e aprenderemos a incorporar a intuição em todas as áreas de nossa vida diária, como trabalho, relacionamentos e saúde.

Além disso, desafiaremos os limites da intuição, expandindo nossa conexão com a sabedoria coletiva e explorando possibilidades além do que é conhecido. Por fim, refletiremos sobre nossa jornada intuitiva, celebrando os resultados alcançados e encorajando a continuidade desse caminho de descoberta e crescimento.

Este livro é um convite para você mergulhar profundamente em sua intuição e explorar a vastidão da geometria sagrada arcturiana. Esteja aberto para a jornada que está prestes a começar e permita-se ser guiado pela sabedoria interior que habita em seu ser.

Que a geometria sagrada arcturiana seja uma fonte de inspiração e iluminação em sua jornada intuitiva. Prepare-se para desvendar os segredos da intuição e permitir que ela seja seu guia em cada passo de sua jornada pessoal.

Capítulo 01
Conexão

Conexão com a Energia dos Arcturianos e Com o seu Eu Superior

DHEVIN'ARCTURUROS

O Símbolo da Conexão Arcturiano é um dos códigos de cura arcturianos que abrem um canal de energia pura e curadora, ajudando a pessoa a se harmonizar, perder o medo e se reencontrar. O símbolo é chamado de Dhevin'Arctururos e representa a energia masculina de Arcturus equilibrando com a energia feminina da Mãe

Terra. Ele é usado em conjunto com o símbolo Dhev'ann Arcturus, aspecto feminino, criando perfeita união e integração.

Conexão Com os Arcturianos: Explorando a Energia dos Arcturianos e Estabelecendo uma Conexão Pessoal

Vamos mergulhar no mundo dos arcturianos e explorar a energia singular que eles trazem. Os arcturianos são seres cósmicos de alta vibração, conhecidos por sua sabedoria e capacidade de cura. Ao entender e se sintonizar com sua energia, podemos estabelecer uma conexão pessoal profunda com esses seres iluminados. Através dessa conexão, somos capazes de acessar um nível mais elevado de consciência e despertar nosso potencial de cura interior.

Neste livro conheceremos a energia dos Arcturianos e compreenderemos suas características distintas.

Os Arcturianos são conhecidos por sua vibração de amor incondicional, compaixão e sabedoria. Sua energia é pura e cristalina, transmitindo uma sensação de paz e harmonia. Através dessa energia, eles oferecem um suporte poderoso para nossa jornada de cura e evolução espiritual.

Vamos explorar as diferentes formas pelas quais podemos perceber a presença dos Arcturianos em nossa vida. Isso pode incluir sinais sutis, intuições, sincronicidades e sonhos significativos. À medida que aprendemos a reconhecer e interpretar esses sinais, podemos fortalecer nossa conexão com os arcturianos e aprofundar nossa compreensão do seu papel em nossa jornada.

Cada indivíduo tem sua própria forma única de se conectar com os arcturianos, e é importante encontrar o método que ressoa melhor com você.

Uma prática poderosa para abrir um canal de comunicação com os arcturianos é a meditação. Ao acalmar a mente e se interiorizar, podemos elevar nossa vibração e sintonizar com a energia arcturiana. Durante a meditação, visualize-se cercado por uma luz azul-cristalina, símbolo da energia arcturiana. Sinta essa luz penetrando em seu ser, trazendo clareza, cura e conexão. Permita-se receber mensagens, insights ou sensações durante essa meditação, pois os arcturianos podem se comunicar conosco de várias maneiras.

Outra prática útil é a visualização criativa. Feche os olhos e imagine-se em um espaço sagrado, um templo de luz onde os arcturianos estão presentes. Permita-se sentir a energia amorosa e curadora que emana desse ambiente. Você pode fazer perguntas, expressar suas intenções ou simplesmente receber a energia dos arcturianos. Confie na sua capacidade de se conectar com eles e esteja aberto para receber sua orientação.

O uso de símbolos sagrados também pode fortalecer nossa conexão com os arcturianos. Escolha símbolos arcturianos que ressoem com você. Eles podem ser desenhos geométricos, símbolos de luz ou mantras específicos. Tenha esses símbolos presentes em seu espaço sagrado ou até mesmo como joias ou objetos que você carrega consigo. Esses símbolos atuam como um lembrete constante da sua conexão com os arcturianos e podem amplificar sua sintonia com sua energia.

Além disso, é essencial confiar em nossa intuição e estar aberto para receber a orientação sutil que recebemos dos arcturianos. A intuição é um canal de comunicação direto com o reino espiritual, e os arcturianos muitas vezes se comunicam conosco através desse meio. Pratique ouvir e seguir sua intuição, mesmo nos detalhes mais sutis do dia a dia. Quanto mais confiarmos e agirmos de acordo com nossa intuição, mais forte será nossa conexão com os arcturianos.

Ao estabelecer uma conexão pessoal com os arcturianos, podemos buscar sua orientação e apoio em nossa jornada de cura. Eles estão prontos para nos ajudar a liberar bloqueios, transmutar energias negativas e despertar nosso potencial mais elevado. Abra-se para a energia dos arcturianos, confie em sua presença amorosa e permita que eles o guiem em sua jornada espiritual.

Ao abrir-nos para essa conexão, podemos acessar sua sabedoria e capacidade de cura, permitindo-nos crescer e evoluir em nosso caminho espiritual.

Sintonizando-se Com o Eu Superior: Aprofundando a Conexão Com o Eu Superior e Integrando Sua Orientação Na Vida Cotidiana

Vamos explorar a importância de nos sintonizarmos com nosso Eu Superior e como essa conexão pode nos guiar em nossa vida cotidiana. O Eu

Superior representa a parte mais elevada de nossa consciência, uma fonte de sabedoria e orientação que está sempre disponível para nos ajudar. Ao aprofundarmos nossa conexão com o Eu Superior, podemos acessar uma perspectiva mais ampla e alinhada com nossa verdadeira essência.

Ao mergulhar no conceito do Eu Superior, compreendemos como ele se relaciona com nossa identidade individual. O Eu Superior é a parte de nós que está conectada à consciência universal e à sabedoria divina. É a fonte de amor incondicional, clareza e intuição. Ao desenvolvermos essa conexão, podemos cultivar um relacionamento mais profundo e consciente com nosso Eu Superior. Isso pode desenvolver em nós insights intuitivos, sensações de paz e alinhamento, bem como sincronicidades que mostram que estamos no caminho certo. Ao aprendermos a reconhecer e confiar nesses sinais, podemos nos aproximar ainda mais de nossa verdade interior.

Existem várias práticas e técnicas que podem nos auxiliar nesse processo. A meditação é uma delas, pois nos permite acalmar a mente e abrir espaço para receber a orientação do Eu Superior. Através da meditação, podemos nos conectar com nossa essência mais elevada e receber insights valiosos para nossa jornada.

Outra prática útil é a escrita automática, na qual permitimos que as palavras fluam livremente, permitindo que o Eu Superior se comunique através de nós. Ao deixar de lado o pensamento racional e permitir que a intuição guie nossa escrita, podemos receber mensagens e orientações importantes.

Para praticar a escrita automática, encontre um local tranquilo onde você possa se concentrar. Tenha papel e caneta à disposição. Comece respirando profundamente algumas vezes para acalmar sua mente e se conectar com seu Eu Superior. Em seguida, comece a escrever sem se preocupar com a estrutura, gramática ou coerência das palavras. Deixe a caneta fluir livremente pelo papel, permitindo que as palavras surjam naturalmente. Confie no processo e esteja aberto para receber as mensagens. Ao praticar regularmente a escrita automática, você fortalecerá a conexão com seu Eu Superior e receberá insights valiosos para sua jornada.

Além da escrita automática, é fundamental cultivar a intuição e aprender a confiar em nossa voz interior. Ouvir a voz do Eu Superior requer quietude, reflexão e discernimento. Reserve momentos de silêncio e contemplação em sua rotina diária. Durante esses momentos, permita-se ouvir sua voz interior e preste atenção às sensações e intuições que surgem. A voz do Eu Superior pode se manifestar de diferentes maneiras para cada pessoa, como uma sensação de certeza, uma ideia repentina ou uma intuição profunda. A prática constante de ouvir e identificar a voz interior fortalecerá sua conexão com o Eu Superior e permitirá que você tome decisões mais alinhadas com sua verdade interior.

Ao integrar a orientação do Eu Superior em nossa vida cotidiana, somos capazes de viver de forma mais alinhada, autêntica e significativa. Isso envolve estar consciente e presente, ouvindo e seguindo a orientação interior em todos os aspectos da vida. Quando estamos em sintonia com nosso Eu Superior, somos guiados para as escolhas que nos levam ao crescimento espiritual, à realização e ao bem-estar.

Continuaremos a mergulhar na Geometria Arcturiana e em seus símbolos de cura, aproveitando a orientação do Eu Superior para uma transformação mais profunda. À medida que exploramos a conexão com nosso Eu Superior, abrimos espaço para uma jornada de crescimento espiritual e expansão da consciência. Esteja preparado para descobrir novas possibilidades, despertar sua verdade interior e viver em harmonia com a orientação divina que habita dentro de você.

Despertando a Consciência Cósmica: Expandindo a Percepção Para Além Do Eu Individual e Conectando-se Com a Consciência Cósmica

Neste capítulo, embarcaremos em uma jornada de despertar da consciência cósmica, buscando expandir nossa percepção além dos limites do eu individual e estabelecer uma conexão mais profunda com a vastidão do universo. Durante essa exploração, teremos a oportunidade de acessar insights profundos, integrar a sabedoria universal e experimentar uma conexão mais profunda com tudo o que existe.

Ao expandirmos nossa percepção, adquirimos uma visão mais ampla do mundo, compreendendo que todas as coisas estão interligadas, formando uma teia de vida onde cada elemento desempenha um papel significativo.

A meditação desempenha um papel fundamental nesse processo, proporcionando um estado de tranquilidade mental que nos permite adentrar na vastidão da consciência cósmica. Ao praticar a meditação, abrimos espaço para acessar estados expandidos de consciência e vivenciar a interconexão de todas as coisas. Experimente reservar um momento tranquilo todos os dias para meditar e mergulhar na experiência de se conectar com a consciência cósmica. Deixe que a paz interior o guie nessa jornada de expansão da percepção.

Além da meditação, existem outras práticas que também contribuem para expandir nossa percepção e nos conectar com a consciência cósmica. A contemplação nos convida a refletir profundamente sobre os mistérios do universo, permitindo que nossa mente se abra para novas perspectivas e compreensões. A conexão com a natureza nos leva a reconhecer nossa interdependência com todos os seres vivos e nos conecta com a essência cósmica que permeia toda a criação. A arte e a expressão criativa nos proporcionam uma forma de canalizar a energia universal, permitindo que nos conectemos com o fluxo criativo do universo.

Para praticar a contemplação, reserve um momento tranquilo em um local inspirador e permita-se mergulhar nos mistérios do cosmos. Observe os padrões das estrelas no céu, contemple a imensidão do universo e reflita sobre nossa existência dentro desse vasto contexto cósmico.

Para se conectar com a natureza, passe algum tempo ao ar livre, sinta a energia da terra sob seus pés e deixe-se envolver pela beleza e harmonia do ambiente natural à sua volta. Experimente também expressar sua criatividade por meio da arte, seja pintando, escrevendo, dançando ou qualquer outra forma de expressão que ressoe com você. Permita que sua criatividade flua livremente, tornando-se um canal para a energia cósmica se manifestar.

A importância de nos conectarmos com a consciência cósmica em nossa jornada de cura e crescimento espiritual é inestimável. Ao despertarmos para essa conexão, somos capazes de obter insights e compreensões profundas sobre nós mesmos e sobre o mundo ao nosso redor. Essa conexão nos auxilia na superação de desafios, na busca por propósito e significado em nossa vida cotidiana, além de proporcionar um viver harmonioso com o fluxo natural do universo. A consciência cósmica nos oferece um caminho para a transcendência do ego e a integração de uma perspectiva mais ampla e amorosa em todas as áreas de nossa existência.

Para aprofundar sua prática de conexão com a consciência cósmica, você pode experimentar técnicas como visualizações, onde você imagina-se mergulhando em um mar de energia cósmica e se fundindo com a consciência universal. Outra prática poderosa é a de envio de amor e compaixão ao universo, irradiando energia positiva para todas as formas de vida. Você também pode explorar a conexão com os arcturianos, seres de luz que têm uma conexão profunda com a consciência cósmica, e buscar orientação e inspiração deles em sua jornada.

A importância de despertar a consciência cósmica e expandir nossa percepção para além do eu individual é uma jornada que nos convida a explorar práticas e abordagens que nos conectam com a vastidão do universo e nos lembram da interconexão de todas as coisas. Ao nos sintonizarmos com a consciência cósmica, abrimos espaço para o crescimento espiritual, a cura e a realização de nosso potencial mais elevado. Que essa jornada de expansão da consciência cósmica seja uma fonte de inspiração e transformação em sua vida.

Alinhando-Se Com a Missão De Vida: Descobrindo E Fortalecendo A Conexão Com a Missão De Vida Pessoal e o Propósito Maior

Vamos explorar a importância de nos alinharmos com nossa missão de vida e descobrir como fortalecer nossa conexão com nosso propósito maior.

Cada um de nós tem uma missão única neste mundo, uma razão pela qual estamos aqui. Ao compreender e abraçar essa missão, podemos viver uma vida significativa e em sintonia com nossa verdadeira essência.

Vamos começar mergulhando no processo de descoberta da missão de vida pessoal. A missão de vida é a expressão mais autêntica do nosso ser, é aquilo que nos traz alegria, inspiração e um senso profundo de propósito. Para descobrir nossa missão, é necessário fazer uma profunda autoexploração e reflexão.

Um primeiro passo importante é sintonizar-se com sua voz interior. Dedique tempo para ficar em silêncio, meditar e ouvir as mensagens que surgem de dentro de você. Às vezes, nossa missão já está presente em nossos desejos, paixões e habilidades naturais. Preste atenção a esses sinais e permita-se explorar o que realmente o faz vibrar.

Além disso, reflita sobre suas experiências de vida passadas e presentes.

- **Quais desafios você superou?**
- **Que habilidades e conhecimentos você adquiriu ao longo do caminho?**

Muitas vezes, nossa missão de vida está entrelaçada com nossas experiências pessoais, permitindo-nos compartilhar e ajudar os outros a superarem desafios semelhantes.

A conexão com o Eu Superior também desempenha um papel fundamental na descoberta da missão de vida. Ao nos sintonizarmos com essa parte mais elevada de nossa consciência, somos guiados a seguir um caminho que está em alinhamento com nosso propósito maior. Meditação, escrita automática e outras práticas espirituais podem nos ajudar a receber clareza e orientação nesse processo.

Uma vez que tenhamos uma compreensão mais clara de nossa missão de vida, é importante fortalecer nossa conexão com ela no dia a dia. Isso envolve ações conscientes que nos aproximam de nosso propósito maior. Identifique as atividades, projetos ou causas que estão alinhados com sua missão e reserve tempo para se dedicar a eles regularmente.

Além disso, cultive uma mentalidade de gratidão e aceitação em relação à sua missão de vida. Reconheça que cada passo dado em direção ao seu propósito é valioso, mesmo que pareça pequeno ou desafiador. A gratidão e a aceitação abrem espaço para mais crescimento e expansão em seu caminho.

Lembre-se de que a jornada da missão de vida é única para cada pessoa e pode evoluir ao longo do tempo. Esteja aberto a ajustes e mudanças conforme você cresce e se desenvolve. À medida que você se alinha cada vez mais com sua missão de vida, você experimentará um profundo senso de realização e contribuição para o mundo ao seu redor.

Ao embarcar na jornada de autoexploração, reflexão e conexão com o Eu Superior, você abre espaço para uma vida de significado, propósito e impacto positivo. Nos próximos capítulos, continuaremos a explorar outros aspectos do despertar espiritual a fim de aprofundar nossa compreensão de nós mesmos e do mundo ao nosso redor.

Para finalizarmos esta seção, apresentamos o mantra associado ao símbolo da conexão com os arcturianos. Esse mantra é de origem tibetana, considerado poderoso na purificação, transformação e conexão espiritual. Ele é frequentemente utilizado para abrir canais de comunicação com seres de luz, como os arcturianos, e para fortalecer a conexão com o Eu Superior.

("Om Ma Ni Pad Me Hum")

Capítulo 02
Proteção

Cria Uma Barreira de Luz Azul em Volta da Pessoa, Protegendo-a de Energias Negativas

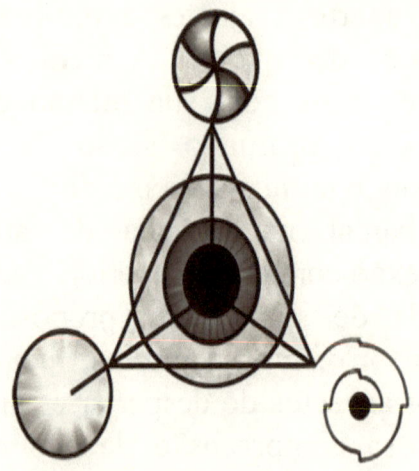

THEMA'LLESH

O Símbolo da Proteção arcturiano é um dos códigos de cura arcturianos que manifesta as energias superiores de proteção, afastando energias indesejadas (pessoas e ambientes). O símbolo é chamado de THEMA'LLESH e representa a harmonia entre as energias masculinas e femininas, trazendo equilíbrio e aceitação, cessando a guerra interior entre o ego negativo e o ego superior. Ele também oferece proteção contra energias negativas, magias negras e feitiçarias.

Escudo de Proteção Energética: Explorando a Criação de um Escudo de Luz Azul Para Afastar Energias Negativas e Manter-se Protegido

Neste capítulo, vamos nos aprofundar na criação de um escudo de proteção energética usando a poderosa energia da luz azul. Este escudo servirá como barreira contra energias negativas e ajudará a manter seu campo energético seguro e equilibrado.

A energia ao nosso redor está constantemente em fluxo, e nem todas as energias que encontramos são positivas ou benéficas. Às vezes, podemos nos sentir sobrecarregados ou drenados devido à influência de energias externas. Um escudo de proteção energética pode ser uma ferramenta valiosa para nos ajudar a manter uma vibração elevada e nos proteger dessas influências indesejadas.

O escudo de luz azul é particularmente eficaz porque a cor azul está associada à tranquilidade, serenidade e proteção. Essa cor possui propriedades purificadoras e calmantes, capazes de neutralizar energias negativas e criar uma barreira de proteção ao nosso redor.

Para criar seu escudo de luz azul, siga estes passos:

Passo 1: Encontre um local tranquilo onde você possa se concentrar em sua prática. Sente-se confortavelmente e respire profundamente algumas vezes para relaxar e centrar sua energia.

Passo 2: Visualize um raio de luz azul brilhante acima de você, emanando uma energia poderosa e calmante. Essa luz azul é a energia protetora que você usará para construir seu escudo.

Passo 3: Imagine esse raio de luz descendo lentamente em direção ao topo de sua cabeça, envolvendo seu corpo em um casulo de luz azul. Sinta essa luz penetrando cada célula do seu ser, formando um escudo de proteção ao seu redor.

Passo 4: À medida que o escudo se forma, concentre-se em sua intenção de afastar todas as energias negativas e indesejadas. Visualize essa luz azul agindo como um filtro, transformando qualquer energia negativa em luz pura e amorosa.

Passo 5: Mantenha-se nesse estado de visualização por alguns minutos, permitindo que o escudo de luz azul se fortaleça e se estabilize ao seu redor. Sinta-se protegido e seguro dentro desse escudo, sabendo que você está conectado à poderosa energia da luz azul.

Ao longo do dia, sempre que se sentir exposto a energias negativas ou sentir a necessidade de reforçar sua proteção, você pode simplesmente fechar os olhos por alguns instantes, respirar profundamente e visualizar seu escudo de luz azul, renovando sua proteção e fortalecendo sua conexão com a energia arcturiana.

Lembre-se de que você tem o poder de criar seu próprio escudo de proteção energética e de mantê-lo sempre presente em sua vida cotidiana. Com o tempo e a prática, você se tornará mais habilidoso na criação e manutenção desse escudo, permitindo que você viva em um estado de equilíbrio e proteção, mesmo diante de desafios energéticos.

Harmonização de Ambientes: Utilizando o Símbolo Para Proteger e Purificar Ambientes, Criando um Espaço Seguro e Positivo

Vamos explorar como podemos utilizar o poderoso símbolo para harmonizar e proteger ambientes, criando um espaço seguro e positivo ao nosso redor. Assim como nós, os ambientes ao nosso redor também podem ser afetados por energias negativas e desequilibradas. Ao aplicar o símbolo de forma consciente, podemos transformar e purificar essas energias, criando um ambiente harmonioso e acolhedor.

Passo 1: Antes de iniciar a harmonização, retorne ao início do capítulo e guarde na memória o símbolo de proteção arcturiana. Depois, reserve um momento para se conectar com sua intenção e se sintonizar com a energia do símbolo. Respire profundamente, permitindo que seu corpo e mente se acalmem.

Passo 2: Em seguida, visualize o símbolo em sua mente, brilhando com uma luz radiante. Sinta sua energia poderosa e protetora preenchendo todo o seu ser.

Passo 3: Com essa imagem do símbolo em mente, estenda sua mão na direção do ambiente que deseja harmonizar. Se estiver em um cômodo, direcione sua mão para o centro do espaço. Se for em uma área externa, estenda sua mão na direção do ambiente como um todo.

Passo 4: Visualize o símbolo se expandindo de sua mão e envolvendo todo o ambiente em uma esfera de luz brilhante. Sinta a energia do símbolo purificando e transformando qualquer energia negativa em positiva, criando um espaço de proteção e harmonia.

Passo 5: Enquanto mantém essa visualização, permita que a energia do símbolo se espalhe por todo o ambiente, penetrando cada canto e recanto, purificando e equilibrando a energia presente.

Passo 6: À medida que o ambiente se enche de luz e harmonia, visualize-o sendo preenchido com uma energia positiva e amorosa. Sinta a atmosfera se tornando mais leve e acolhedora, proporcionando um espaço seguro para todos que estiverem presentes.

Passo 7: Mantenha-se nesse estado de visualização por alguns minutos, fortalecendo a energia do símbolo no ambiente. Sinta gratidão pelo trabalho realizado e pela transformação ocorrida.

Ao utilizar o símbolo para harmonizar e proteger ambientes, você está criando um espaço sagrado onde a energia flui livremente e onde você se sente confortável e nutrido. Essa prática pode ser aplicada em sua casa, local de trabalho ou em qualquer ambiente que deseje purificar e transformar.

Continuaremos a explorar formas de aplicar o símbolo em diferentes aspectos de nossa vida, utilizando-o como uma ferramenta poderosa para cura, proteção e expansão de consciência.

Proteção Emocional e Psíquica: Fortalecendo os Limites Emocionais e Mentais, Protegendo-se de Influências Externas Indesejadas

Vamos agora explorar como utilizar o símbolo de proteção pode fortalecer nossos limites emocionais e mentais, permitindo-nos proteger contra influências externas indesejadas.

Em nosso cotidiano, estamos constantemente expostos a diversas energias e emoções, tanto positivas quanto negativas. Aprender a estabelecer e manter limites saudáveis é essencial para preservar nosso bem-estar emocional e psíquico.

Passo 1: Comece este processo conectando-se com o símbolo de proteção. Reserve um momento para visualizá-lo em sua mente, brilhando com uma luz radiante. Sinta a energia do símbolo preenchendo todo o seu ser, fortalecendo-o e protegendo-o.

Passo 2: Agora, direcione sua atenção para sua esfera emocional e mental. Visualize essas esferas como uma aura brilhante ao seu redor, abrangendo todo o seu ser. Observe como essas esferas podem estar vulneráveis ou permeáveis às influências externas.

Passo 3: Utilizando o símbolo de proteção, visualize-o expandindo-se de seu centro e formando uma barreira de luz ao redor de suas esferas emocional e mental. Veja essa barreira como uma muralha impenetrável, bloqueando todas as energias negativas e indesejadas.

Passo 4: Enquanto mantém essa visualização, sinta a força e a segurança que o símbolo de proteção proporciona. Sinta-se protegido e fortalecido em sua esfera emocional e mental, sabendo que você tem o poder de controlar quais influências externas permitir que afetem você.

Passo 5: Ao longo do dia, sempre que se deparar com situações ou pessoas que possam ameaçar sua paz emocional e mental, recorde-se do símbolo de proteção e visualize-o novamente fortalecendo seus limites. Sinta-se empoderado para rejeitar qualquer energia negativa que tente penetrar em seu espaço emocional e mental.

Passo 6: Pratique o autocuidado regularmente, reservando tempo para cuidar de suas necessidades emocionais e mentais. Isso pode incluir meditação, práticas de relaxamento, atividades criativas ou qualquer outra atividade que o ajude a se reconectar consigo mesmo e nutrir sua energia pessoal.

Ao fortalecer seus limites emocionais e mentais com o auxílio do símbolo de proteção, você se capacita a manter-se protegido contra influências indesejadas e a preservar sua paz interior. Lembre-se de que você tem o poder de controlar suas emoções e pensamentos, escolhendo conscientemente quais energias permitir em seu espaço.

Proteção Durante o Sono: Utilizando o Símbolo Para Criar uma Barreira Protetora Durante o Sono, Promovendo um Descanso Tranquilo e Regenerador

No tópico anterior, exploramos a importância de fortalecer nossos limites emocionais e mentais para nos proteger de influências externas indesejadas. Neste, vamos nos concentrar em uma área específica de nossas vidas: o sono.

O sono desempenha um papel vital em nosso bem-estar geral, mas durante esse período, estamos mais vulneráveis a influências energéticas e espirituais. No entanto, podemos utilizar o poder do símbolo de proteção para criar uma barreira protetora durante o sono, permitindo-nos desfrutar de um descanso tranquilo e regenerador.

O sono é essencial para nossa saúde e bem-estar. Durante esse período, nosso corpo se regenera, nossas energias são restauradas e nossa mente é rejuvenescida. No entanto, quando somos afetados por influências negativas durante o sono, podemos acordar cansados, sem energia e com uma sensação de desconforto emocional. Portanto, é crucial garantir um sono tranquilo e regenerador para o nosso equilíbrio físico, mental e espiritual.

Apresentação do símbolo de proteção

Antes de mergulharmos nos detalhes da proteção durante o sono, vamos começar apresentando novamente o símbolo de proteção. Feche os olhos e visualize um símbolo sagrado e poderoso em sua mente. Este símbolo é uma representação de força, segurança e proteção divina. Veja-o brilhando com uma luz intensa e poderosa, emanando uma energia positiva ao seu redor. À medida que você se conecta com esse símbolo, sinta-se preenchido por uma sensação de confiança e serenidade.

Criando uma barreira protetora durante o sono

Agora que compreendemos a importância do sono e reconhecemos a necessidade de proteção durante esse período, vamos explorar como utilizar o símbolo de proteção para criar uma barreira energética que nos guarde e proteja enquanto dormimos.

Passo 1: Preparação para o sono: Antes de ir para a cama, crie um ambiente propício para um sono tranquilo. Desligue aparelhos eletrônicos, reduza a iluminação e crie uma atmosfera relaxante. Reserve alguns minutos para acalmar sua mente e relaxar seu corpo. Respire profundamente, soltando todas as tensões do dia.

Passo 2: Conectando-se com o símbolo de proteção:
Deite-se confortavelmente na cama e feche os olhos. Comece a visualizar o símbolo de proteção em sua mente. Veja-o brilhando com uma luz azul radiante, emanando uma energia poderosa e protetora. Sinta essa energia preenchendo todo o seu ser, envolvendo-o em uma aura de proteção.

Passo 3: Criando uma esfera protetora: Mantenha a visualização do símbolo de proteção e imagine que ele começa a expandir sua luz azul ao seu redor, formando uma esfera protetora. Visualize-se deitado dentro dessa esfera, cercado por uma luz azul brilhante que repele qualquer energia negativa ou indesejada.

Passo 4: Sentindo a segurança e tranquilidade: À medida que você se imagina dentro dessa esfera protetora, permita-se sentir uma profunda sensação de segurança e tranquilidade. Saiba que dentro desse espaço sagrado você está protegido de qualquer influência prejudicial ou perturbadora. Sinta-se envolvido por uma energia positiva e protetora, permitindo que seu corpo, mente e espírito se relaxem completamente.

Passo 5: Dormindo em harmonia com a proteção: Enquanto você adormece, mantenha a visualização da esfera protetora e do símbolo de proteção em sua mente. Deixe-se entregar ao sono, confiante de que está seguro e protegido dentro dessa barreira energética. À medida que você se aprofunda no sono, permita que essa proteção trabalhe em harmonia com seu corpo e mente, promovendo um descanso regenerador e uma renovação completa de suas energias.

Passo 6: Ao despertar: Ao acordar pela manhã, lembre-se de agradecer pela proteção que recebeu durante o sono. Conscientize-se da presença contínua do símbolo de proteção em sua vida, oferecendo-lhe suporte e proteção em todos os momentos. Ao começar o dia, permita-se levar consigo a sensação de segurança e serenidade que experimentou durante o sono protegido.

Ao utilizar o símbolo de proteção para criar uma barreira protetora durante o sono, você promove um descanso tranquilo e regenerador. Essa prática permite que você acorde revigorado, energizado e pronto para enfrentar o dia. Lembre-se de que você pode recorrer a essa visualização todas as noites, reforçando sua proteção e promovendo um sono reparador.

O mantra que é frequentemente associado ao símbolo de proteção THEMA'LLESH é o seguinte:

Om Arcturius Thema'llesh

Esse mantra é utilizado para invocar a energia dos arcturianos e se conectar com o poder de cura e proteção do símbolo. Ao entoar esse mantra com intenção e devoção, você pode fortalecer ainda mais a sua conexão com os arcturianos e amplificar os benefícios do símbolo de proteção THEMA'LLESH.

É importante lembrar que o poder dos mantras está na repetição constante e na conexão emocional e espiritual que você estabelece ao entoá-los. Portanto, reserve um tempo diariamente para entoar o mantra, concentrando-se na energia do símbolo e na sua intenção de receber proteção, cura e orientação dos arcturianos.

Capítulo 03
Cura

Ativa a Capacidade de Autocura da Pessoa, Harmonizando seus Corpos Físico, Emocional, Mental e Espiritual

ARCTURY'ANN

O Símbolo da Cura Arcturiano é um dos códigos de cura arcturianos que abre um canal de conexão com a Equipe de Guias Arcturianos, que podem trazer as energias e bênçãos de cura em níveis mentais e emocionais. O símbolo é chamado de ARCTURY'ANN e representa a energia canalizada pelo Arctury'ann. Ele pode ser usado em uma conexão com a Interface ou em situações de emergência.

Autocura física

Ativando a capacidade de autocura do corpo físico, harmonizando e fortalecendo a saúde.

Agora, vamos direcionar nossa atenção para a autocura física. Nosso corpo possui uma notável capacidade de se curar, e podemos utilizar o poder do símbolo de proteção para ativar e fortalecer esse processo de autocura. Neste capítulo, vamos aprender como harmonizar e fortalecer nossa saúde física, despertando a capacidade inata de autocura do corpo.

Antes de prosseguirmos, vamos relembrar o símbolo de proteção que tem nos acompanhado ao longo deste guia. Feche os olhos e visualize-o em sua mente. Veja-o brilhando com uma luz intensa e poderosa, emanando uma energia positiva e protetora. Sinta essa energia preenchendo todo o seu ser, irradiando uma sensação de força, segurança e cura.

Nosso corpo possui um sistema intrincado e inteligente que busca constantemente a harmonia e o equilíbrio. Esse sistema é responsável pela autocura, permitindo que o corpo se repare e se regenere. No entanto, às vezes, devido a fatores como estresse, estilo de vida desequilibrado e influências externas, nossa capacidade de autocura pode ser afetada. É nesse momento que podemos recorrer ao poder do símbolo de proteção para ativar e fortalecer esse processo.

Ativando a autocura com o símbolo de proteção

A autocura começa com uma intenção consciente de direcionar energia positiva e curativa para o corpo. A visualização do símbolo de proteção desempenha um papel fundamental nesse processo, pois representa a energia de cura e proteção divina.

Passo 1: Preparação

Encontre um local tranquilo onde você possa se sentar confortavelmente. Feche os olhos e respire profundamente, permitindo que sua mente e corpo se acalmem. Concentre-se em relaxar cada parte do seu corpo, soltando qualquer tensão ou estresse.

Passo 2: Visualização do símbolo de proteção

Visualize o símbolo de proteção em sua mente. Veja-o brilhando com uma luz intensa e poderosa, irradiando uma energia de cura. Sinta essa energia envolvendo todo o seu corpo, penetrando cada célula e tecido. À medida que você se conecta com o símbolo, sinta-se preenchido por uma sensação de confiança e bem-estar.

Passo 3: Direcionando a energia de cura

Enquanto mantém a visualização do símbolo de proteção, comece a direcionar essa energia de cura para as áreas do seu corpo que precisam de autocura. Visualize a luz do símbolo penetrando nessas áreas, dissolvendo qualquer bloqueio ou desarmonia. Sinta-se envolvido por uma energia revitalizante, que nutre e fortalece seu corpo físico.

Passo 4: Agradecimento e gratidão

Após alguns minutos, quando sentir que direcionou a energia de cura para todas as partes do seu corpo, reserve um momento para expressar gratidão. Agradeça ao seu corpo por sua capacidade de autocura e à energia de cura que foi ativada pelo símbolo de proteção. Sinta-se profundamente agradecido por esse processo de autocura em andamento.

Passo 5: Prática contínua

Para fortalecer e aprimorar sua autocura física, reserve um tempo regularmente para repetir essa prática de visualização. Quanto mais você se sintoniza com o símbolo de proteção e direciona a energia de cura para o seu corpo, mais você fortalece sua capacidade de autocura e mantém um estado de saúde vibrante.

A autocura física é uma capacidade inata do nosso corpo, e podemos potencializá-la ao utilizar o símbolo de proteção como uma ferramenta poderosa. Ao direcionar a energia de cura para o corpo através da visualização, fortalecemos nossa saúde física e promovemos o equilíbrio e bem-estar. Continue praticando essa técnica regularmente para se conectar cada vez mais com sua capacidade de autocura e desfrutar de uma saúde vibrante e harmoniosa.

Cura emocional e mental

Utilizando o símbolo para liberar emoções negativas, traumas e padrões de pensamento limitantes.

Neste capítulo, iremos explorar o poder do símbolo "ARCTURY'ANN" como uma ferramenta poderosa para promover a cura emocional e mental. Esse símbolo sagrado tem a capacidade de auxiliar na liberação de emoções negativas, traumas e padrões de pensamento limitantes, permitindo que você se liberte do passado e crie uma realidade emocional e mental mais saudável e equilibrada.

Antes de começarmos a prática de cura, vamos nos conectar com o símbolo "ARCTURY'ANN" visualizando-o. O símbolo está no início do capítulo.

Feche os olhos, respire profundamente e imagine o símbolo brilhando diante de você. Observe seus detalhes, suas cores e sua energia vibrante. Sinta a presença curativa do símbolo ao seu redor, emanando uma luz suave e reconfortante. Permita-se absorver essa energia de cura e fortalecimento do símbolo.

Agora que estabelecemos essa conexão com o símbolo "ARCTURY'ANN", vamos explorar a prática de cura emocional e mental utilizando seu poder transformador.

Passo 1: Reconhecimento e Aceitação

Comece trazendo à consciência as emoções negativas, traumas ou padrões de pensamento limitantes que você deseja liberar. Reconheça sua existência e aceite que eles fazem parte de sua experiência passada ou presente. Permita-se sentir essas emoções sem julgamento, observando-as com compaixão e aceitação.

Passo 2: Intenção de Cura
Estabeleça uma intenção clara e poderosa de se libertar dessas emoções negativas, traumas e padrões de pensamento limitantes. Visualize-se conectado ao símbolo "ARCTURY'ANN", permitindo que sua energia amorosa e curativa flua através de você. Declare sua intenção de cura, afirmando que você está pronto

para liberar o que não lhe serve mais e abrir espaço para a cura e transformação.

Passo 3: Visualização e Transmutação
Visualize o símbolo "ARCTURY'ANN" brilhando diante de você, irradiando sua luz suave e reconfortante. À medida que você inspira, permita que essa luz penetre em seu corpo, envolvendo todas as áreas afetadas pelas emoções negativas, traumas e padrões de pensamento limitantes. Ao expirar, visualize essas energias sendo transmutadas em uma luz pura e serena, liberando-as completamente.

Passo 4: Afirmações de Cura
Utilize afirmações de cura para reprogramar sua mente e substituir os padrões de pensamento limitantes por pensamentos positivos e fortalecedores.

Alguns exemplos de afirmações podem ser:
- "Eu libero todas as emoções negativas do meu passado. Estou aberto para receber cura e transformação."
- "Eu sou merecedor de paz e equilíbrio mental. Libero todos os padrões de pensamento limitantes e abro espaço para novos pensamentos positivos."
- "Eu sou livre. Libero todas as crenças e pensamentos negativos que me aprisionam, escolhendo agora pensar de forma saudável e empoderada."

Repita essas afirmações com convicção, permitindo que elas penetrem em seu ser, transformando gradualmente sua mente e suas emoções.

Passo 5: Gratidão e Encerramento

Após concluir a prática, reserve um momento para expressar gratidão ao símbolo "ARCTURY'ANN", aos arcturianos e a si mesmo por se permitir esse processo de cura. Sinta-se preenchido com gratidão e amor por tudo que você é e por todo o progresso que está fazendo em sua jornada de cura emocional e mental.

Ao praticar regularmente essa técnica de cura com o símbolo "ARCTURY'ANN", você estará abrindo espaço para uma transformação profunda em seu mundo emocional e mental. Lembre-se de que a cura é um processo contínuo, e cada pessoa tem seu próprio ritmo. Seja gentil consigo mesmo e permita-se avançar no seu próprio tempo.

Cura espiritual e energética

Ampliando a conexão com o aspecto espiritual, transmutando energias densas e restaurando o equilíbrio energético.

Vamos mergulhar no poderoso símbolo "Arcturian Ann" e explorar sua capacidade de promover a cura espiritual e energética. Este símbolo sagrado nos permite ampliar nossa conexão com o aspecto espiritual, transmutar energias densas e restaurar o equilíbrio energético em nossa vida. Ao utilizar esse símbolo com intenção e devoção, podemos acessar níveis mais elevados de consciência, restaurar nosso bem-estar espiritual e trazer mais harmonia para todas as áreas de nossa existência.

Antes de começarmos a explorar as práticas de cura espiritual e energética com o símbolo "Arcturian

Ann", vamos nos conectar com sua energia visualizando-o em nossa mente. Feche os olhos, respire profundamente e permita-se entrar em um estado de relaxamento. Imagine o símbolo "Arcturian Ann" se revelando diante de você, brilhando com uma luz suave e amorosa. Observe seus detalhes, sua geometria sagrada e a energia que ele emana. Sinta-se envolvido por essa energia curativa e permita que ela penetre em todos os aspectos do seu ser.

Agora que estabelecemos essa conexão com o símbolo "Arcturian Ann", vamos explorar algumas práticas que podem ajudar na cura espiritual e energética.

Meditação de conexão

Encontre um local tranquilo onde você possa sentar-se confortavelmente. Feche os olhos e comece a respirar profundamente. Visualize o símbolo "Arcturian Ann" em seu campo de visão interna e imagine-se sendo envolvido por sua luz curativa. Permita que essa energia se funda com a sua, expandindo sua consciência e fortalecendo sua conexão com o aspecto espiritual. Fique nesse estado de meditação, permitindo que insights e clareza espiritual surjam.

Transmutação de energias densas

Quando nos deparamos com energias densas, sejam elas provenientes de nós mesmos ou do ambiente ao nosso redor, podemos utilizar o símbolo "Arcturian

Ann" para transmutá-las em energia positiva. Visualize o símbolo brilhando intensamente e projete-o em qualquer energia densa que esteja presente. Observe como essa energia densa começa a se dissolver e ser substituída por uma luz brilhante e pura. Continue esse processo até sentir que a energia foi completamente transmutada.

Restauração do equilíbrio energético

Utilize o símbolo "Arcturian Ann" para harmonizar e equilibrar seus centros energéticos, também conhecidos como chakras. Visualize cada chakra sendo preenchido com a luz do símbolo, à medida que ele se move suavemente de um chakra para o próximo, realinhando e restaurando o fluxo de energia. Sinta a sensação de equilíbrio e harmonia em seu sistema energético, permitindo que a energia flua livremente em seu corpo.

Oração de cura

A oração é uma forma poderosa de invocar a energia curativa e fortalecer nossa conexão com o aspecto espiritual. Utilize o símbolo "Arcturian Ann" como um ponto focal para sua oração de cura. Segure o símbolo em suas mãos ou visualize-o em sua mente enquanto expressa:

"Queridos arcturianos e energias espirituais superiores, hoje eu me conecto com vocês através do símbolo sagrado 'Arcturian Ann'. Eu peço humildemente sua ajuda e orientação em minha jornada de cura espiritual e energética.

Eu liberto todas as emoções negativas, traumas e padrões de pensamento limitantes que não mais servem ao meu bem-estar e crescimento espiritual. Com a luz do símbolo 'Arcturian Ann', eu transmuto todas essas energias densas em pura luz e amor.

Eu peço que vocês me guiem na restauração do equilíbrio energético em todos os níveis do meu ser. Que a energia do símbolo 'Arcturian Ann' flua harmoniosamente através dos meus centros energéticos, realinhando-os e restaurando seu fluxo natural.

Que a cura espiritual permeie todo o meu ser, trazendo clareza, paz e harmonia em todas as áreas de minha vida. Que eu esteja aberto para receber insights e orientações do reino espiritual, permitindo que a cura se desenrole de maneira divinamente guiada.

Agradeço profundamente pela presença amorosa e pela assistência dos arcturianos e das energias espirituais superiores. Que sua luz e amor continuem a me envolver e guiar em minha jornada de cura. Assim é, e assim será. Amém."

Essas são apenas algumas práticas que podem ser exploradas com o símbolo "Arcturian Ann" para promover a cura espiritual e energética. Lembre-se de que cada pessoa é única, e você pode adaptar essas práticas de acordo com suas próprias necessidades e intuições. Ao trabalhar com o símbolo "Arcturian Ann", esteja aberto para receber insights e orientações do reino espiritual, permitindo que a cura se desenrole de maneira divinamente guiada.

Harmonização dos corpos sutis

Integrando o símbolo "Arcturian Ann" em práticas de cura energética para harmonizar os corpos emocional, mental e espiritual.

Vamos explorar a poderosa prática de harmonização dos corpos sutis através da integração do símbolo sagrado "Arcturian Ann". Você aprenderá como utilizar esse símbolo como uma ferramenta de cura energética para harmonizar seus corpos emocional, mental e espiritual, trazendo equilíbrio e bem-estar para sua vida.

Os corpos sutis, compostos pelo corpo emocional, mental e espiritual, são essenciais para nossa saúde e bem-estar holísticos. No entanto, muitas vezes, esses corpos podem estar desalinhados, desequilibrados ou sobrecarregados de energia densa, o que pode afetar nossa saúde mental, emocional e espiritual.

A prática da harmonização dos corpos sutis visa trazer equilíbrio e integração entre esses diferentes aspectos do nosso ser. Ao integrar o símbolo "Arcturian Ann" nessa prática, podemos potencializar seus efeitos curativos e restauradores.

Antes de começarmos, reserve um momento para se conectar com o símbolo "Arcturian Ann". Feche os olhos, respire profundamente e visualize o símbolo em sua mente. Permita que sua energia amorosa e curativa envolva todo o seu ser, preparando-o para a jornada de harmonização dos corpos sutis.

O primeiro passo na harmonização dos corpos sutis é trazer equilíbrio ao corpo emocional. Para isso, utilize o símbolo "Arcturian Ann" como um ponto focal de sua atenção. Visualize-o brilhando em seu coração, irradiando luz azul suave que penetra em cada célula do seu corpo emocional. Sinta essa luz amorosa e curativa dissolvendo quaisquer bloqueios, mágoas ou emoções negativas que possam estar presentes. Permita-se liberar e curar essas emoções, substituindo-as por amor, compaixão e equilíbrio emocional.

Após harmonizar o corpo emocional, concentre-se agora no corpo mental. Imagine o símbolo "Arcturian Ann" brilhando em seu centro de pensamento, no topo de sua cabeça. Visualize a luz azul envolvendo todo o seu cérebro, dissolvendo padrões de pensamento limitantes, crenças negativas e preocupações excessivas. Permita que a energia curativa do símbolo traga clareza, discernimento e equilíbrio para a sua mente. Deixe que pensamentos positivos, inspirados e criativos fluam livremente, nutrindo sua mente com uma perspectiva mais elevada.

Por fim, direcione sua atenção para o corpo espiritual. Visualize o símbolo "Arcturian Ann" expandindo-se em sua aura, envolvendo todo o seu ser em uma luz azul brilhante. Sinta essa luz ativando e harmonizando seus centros energéticos, conectando-o com a sua essência espiritual mais profunda. Permita-se sentir a presença dos arcturianos e outras energias espirituais elevadas, que estão prontas para apoiar sua jornada espiritual. Sinta-se nutrido, protegido e guiado por essa conexão divina.

Continue meditando e visualizando o símbolo "Arcturian Ann" em seus corpos emocional, mental e espiritual. À medida que você pratica essa harmonização regularmente, você fortalecerá a conexão com seus corpos sutis e experimentará uma sensação maior de bem-estar e equilíbrio em sua vida.

Lembre-se de que você pode adaptar essa prática de harmonização dos corpos sutis de acordo com suas próprias necessidades e preferências. Use sua intuição e sinta-se à vontade para explorar diferentes variações ou combinações com outras práticas de cura que você já esteja familiarizado.

À medida que avançamos neste livro, encorajo você a continuar a explorar e aprofundar sua conexão com o símbolo "Arcturian Ann" e suas capacidades de cura, explorando a aplicação do símbolo em outras áreas de sua vida e aprimorando ainda mais sua jornada de autocura e crescimento espiritual.

Mantra

O mantra associado ao símbolo "Arcturian Ann" é: *"Om Arctury'Ann"*.

Esse mantra é uma combinação do som sagrado "Om" e a palavra "Arctury'Ann", que representa a energia e a conexão com os arcturianos.

O mantra "Om" é um som sagrado que é reverenciado em várias tradições espirituais. É considerado um som primordial que representa a essência divina e o universo em sua totalidade. Entoar "Om" cria uma vibração poderosa que ajuda a harmonizar e equilibrar os corpos sutis, além de elevar a consciência espiritual.

A palavra "Arctury'Ann" é uma invocação específica para se conectar com a energia dos arcturianos, uma civilização extraterrestre conhecida por sua sabedoria espiritual e cura avançada. Essa palavra foi canalizada e transmitida pelos arcturianos aos seres humanos para auxiliar na conexão com sua energia e ensinamentos.

Ao entoar o mantra "Om Arctury'Ann", você está sintonizando-se com a energia dos arcturianos e ativando a presença de cura, sabedoria e proteção em sua vida. Esse mantra pode ser repetido mentalmente ou vocalizado em um tom suave durante suas práticas de meditação, visualização ou qualquer momento em que você deseje fortalecer sua conexão com os arcturianos e o símbolo "Arcturian Ann".

Lembre-se de que a prática de entoar mantras requer intenção, foco e repetição regular para potencializar seus efeitos. À medida que você se aprofunda nessa prática, permita-se sentir a ressonância e a presença dos arcturianos em sua vida, trazendo cura, sabedoria e apoio em seu caminho espiritual.

Lembre-se sempre de praticar a entoação de mantras com respeito, intenção e gratidão, reconhecendo a fonte de onde eles surgem e buscando integrá-los em sua jornada espiritual de uma maneira significativa e amorosa.

Capítulo 04
Purificação

Limpa e Purifica Toxinas, Impurezas e Bloqueios Energéticos

OM'MAHN TERASH

O Símbolo da Purificação arcturiano é um dos códigos de cura arcturianos que trabalha a limpeza, purificação e cura de traumas existentes nos campos psicológicos, mentais e emocionais. O símbolo é chamado de OM'MAHN TERASH e representa a energia ligada ao Raio Violeta, Mestre Saint Germain e Mãe Kwan Yin, Mestre Khutumi e Raio Dourado da Sabedoria e Iluminação. Ele pode ser aplicado sobre o chakra cardíaco, o plexo solar e o chakra sexual, pois limpa, transmuta e purifica energias negativas existentes provenientes de vidas passadas ou paralelas, reorganizando as estruturas dos chakras e corpos mentais e emocionais do corpo de luz.

Limpeza física

Utilizando o símbolo para purificar o corpo físico, eliminando toxinas e restaurando a vitalidade

Neste capítulo, iremos explorar uma poderosa prática de limpeza física utilizando o símbolo sagrado "OM'MAHN TERASH". Esse símbolo tem origem nas energias arcturianas e possui um poder transformador quando aplicado na purificação do corpo físico. Ao incorporar o "OM'MAHN TERASH" em nossas práticas de limpeza, podemos eliminar toxinas e promover a restauração da vitalidade do nosso ser.

O símbolo "OM'MAHN TERASH" é uma representação visual da energia de purificação e vitalidade. Sua forma geométrica única é projetada para acessar as energias sutis do universo e direcioná-las para o nosso corpo físico. Ao visualizar e se conectar com esse símbolo, podemos aproveitar seu poder curativo para eliminar bloqueios, impurezas e toxinas que possam estar presentes em nosso corpo.

Antes de iniciar a prática de limpeza física com o símbolo "OM'MAHN TERASH", é importante preparar um ambiente tranquilo e dedicar um tempo para si mesmo. Encontre um local onde você possa relaxar sem interrupções e reserve alguns momentos para acalmar a mente por meio da respiração profunda e consciente.

Agora, traga à mente a imagem do símbolo "OM'MAHN TERASH". Visualize-o em sua forma brilhante e radiante, emanando luz e energia curativa. Permita que a imagem se torne clara em sua mente, observando cada detalhe do símbolo.

Passo 3: Conexão com o símbolo

À medida que você visualiza o símbolo "OM'MAHN TERASH", comece a sentir uma profunda conexão com sua energia de purificação. Sinta como essa energia flui em você, penetrando em cada célula do seu corpo, dissolvendo qualquer impureza ou toxina presente. Sinta-se envolvido por essa luz curativa e confie no poder do símbolo para realizar a limpeza física.

Passo 4: Intenção de purificação

Agora, com a imagem do símbolo "OM'MAHN TERASH" ainda em sua mente, estabeleça a intenção de purificar seu corpo físico. Reconheça qualquer tensão, bloqueio ou toxina que possa estar presente e permita que a energia do símbolo dissolva e libere essas impurezas. Sinta-se aberto e receptivo à transformação física que está ocorrendo dentro de você.

Passo 5: Gratidão e encerramento

Agradeça ao símbolo, à energia arcturiana e a si mesmo por dedicar esse tempo e atenção à sua saúde e bem-estar. Sinta-se revigorado, renovado e cheio de vitalidade.

A prática de limpeza física com o símbolo "OM'MAHN TERASH" é uma maneira poderosa de eliminar toxinas, purificar o corpo e restaurar a vitalidade. Ao visualizar o símbolo, conectar-se com sua energia curativa e entoar o mantra de purificação, você estará promovendo uma transformação profunda em seu ser físico. Continue a incorporar essa prática em sua rotina de autocuidado, permitindo que o poder do símbolo e da energia arcturiana o acompanhem em sua jornada de saúde e bem-estar.

Purificação energética pessoal

Limpando bloqueios e impurezas energéticas para promover o fluxo de energia positiva

Neste capítulo, exploraremos a prática da purificação energética pessoal utilizando o poderoso símbolo "OM'MAHN TERASH". Este símbolo sagrado possui a capacidade de limpar bloqueios e impurezas que possam estar presentes em nosso campo energético, permitindo que a energia positiva flua livremente. Ao incorporar o "OM'MAHN TERASH" em nossa rotina de purificação energética, podemos promover um equilíbrio maior, uma sensação de bem-estar e uma conexão mais profunda com nosso eu interior.

O símbolo "OM'MAHN TERASH" é uma representação visual da energia de purificação e transformação. Sua forma geométrica única e sagrada contém a essência da limpeza energética e do fluxo harmonioso de energia. Ao visualizar e se conectar com esse símbolo, podemos acessar seu poder curativo para dissolver bloqueios, impurezas e padrões de energia negativa que possam estar nos afetando.

Antes de começar a prática de purificação energética com o símbolo "OM'MAHN TERASH", é importante criar um ambiente tranquilo e livre de distrações. Encontre um lugar onde você possa se sentir confortável e relaxado. Reserve alguns momentos para acalmar sua mente por meio da respiração profunda e consciente.

Agora, traga à mente a imagem do símbolo "OM'MAHN TERASH". Imagine-o brilhando intensamente em sua forma sagrada. Observe cada detalhe do símbolo e permita-se mergulhar em sua energia de purificação. Visualize-o como uma fonte de luz que emana uma vibração curativa e poderosa.

À medida que você visualiza o símbolo "OM'MAHN TERASH", comece a sentir uma conexão profunda com sua energia purificadora. Sinta como essa energia penetra suavemente em seu campo energético, dissolvendo bloqueios e impurezas. Permita-se envolver completamente pela luz curativa do símbolo e confie em sua capacidade de transformação.

Agora, estabeleça a intenção de purificar seu campo energético. Reconheça qualquer bloqueio, pensamento negativo ou emoção densa que possa estar presente. Esteja aberto para liberar essas energias indesejadas e permitir que a energia positiva flua livremente em seu ser. Visualize-se envolto por um brilho radiante e sinta a sensação de liberdade e leveza que acompanha a purificação.

Para aprofundar ainda mais a prática de purificação energética, você pode realizar movimentos suaves com as mãos, seguindo a forma do símbolo "OM'MAHN TERASH". Enquanto você desenha o símbolo no ar com as mãos, visualize-o se expandindo e preenchendo seu campo energético, dissolvendo bloqueios e impurezas em seu caminho.

Para potencializar a purificação energética, você pode entoar um mantra específico relacionado ao símbolo "OM'MAHN TERASH". Um exemplo de mantra é: "Om'Mahn Terash, purifico e liberto todas as impurezas. Minha energia flui livremente e em harmonia." Repita esse mantra várias vezes, permitindo que as palavras ressoem profundamente em seu ser, fortalecendo a intenção de purificação.

Ao concluir a prática de purificação energética com o símbolo "OM'MAHN TERASH" e o mantra de purificação, reserve um momento para expressar gratidão pela oportunidade de liberar e limpar seu campo energético. Agradeça ao símbolo, à energia arcturiana e a si mesmo por dedicar esse tempo e atenção à sua saúde energética. Sinta-se renovado, equilibrado e em harmonia com seu ser interior.

A prática de purificação energética pessoal com o símbolo "OM'MAHN TERASH" é uma poderosa ferramenta para liberar bloqueios e impurezas, promovendo o fluxo de energia positiva em nosso ser. Ao visualizar o símbolo, nos conectar com sua energia curativa, entoar o mantra de purificação e realizar movimentos em sintonia com sua forma, podemos alcançar um estado de equilíbrio e harmonia em nosso campo energético.

Limpeza de ambientes

Aplicando o símbolo "OM'MAHN TERASH" para purificar e elevar a vibração de espaços físicos, criando um ambiente propício ao bem-estar

Exploraremos agora o uso do poderoso símbolo "OM'MAHN TERASH" para realizar a limpeza de ambientes físicos, removendo energias negativas e elevando a vibração do espaço. Ambientes carregados de energias densas podem afetar nosso bem-estar físico, emocional e espiritual. Ao incorporar o "OM'MAHN TERASH" na prática de limpeza de ambientes, podemos criar espaços harmoniosos e propícios ao equilíbrio e ao crescimento pessoal.

O símbolo "OM'MAHN TERASH" representa a purificação e a transformação energética. Sua forma geométrica única e sagrada contém a essência da limpeza e da renovação. Ao visualizar e se conectar com esse símbolo, podemos acessar sua energia purificadora e transmutadora, trazendo uma sensação de leveza e harmonia aos ambientes.

Antes de iniciar a limpeza de um ambiente com o símbolo "OM'MAHN TERASH", é importante criar uma atmosfera tranquila e livre de distrações. Reserve um tempo para se conectar com sua intuição e definir a intenção de limpar e elevar a vibração do espaço. Acenda uma vela, se desejar, para simbolizar a purificação e a transformação.

Traga à mente a imagem do símbolo "OM'MAHN TERASH" brilhando em sua forma sagrada. Imagine-o preenchendo todo o ambiente com uma luz radiante e purificadora. Visualize-o dissolvendo qualquer energia negativa ou estagnada presente no espaço, transformando-a em uma vibração positiva e harmoniosa.

Enquanto visualiza o símbolo "OM'MAHN TERASH" preenchendo o ambiente, permita-se sentir uma conexão profunda com sua energia purificadora. Sinta como essa energia se expande, envolvendo cada canto e cada objeto, liberando-o de qualquer influência negativa e restaurando sua vitalidade.

Você pode potencializar a limpeza do ambiente realizando movimentos suaves com as mãos, seguindo a forma do símbolo "OM'MAHN TERASH". Enquanto você desenha o símbolo no ar, sinta a energia da purificação e da elevação vibracional fluindo através de suas mãos. Permita que essa energia se projete no espaço, envolvendo-o completamente.

Agora é hora de realizar o ritual de limpeza do ambiente com o símbolo "OM'MAHN TERASH". Comece pelo centro do espaço e mova-se lentamente em direção às bordas, desenhando o símbolo no ar ou visualizando-o sendo projetado para as paredes, móveis e objetos presentes. Enquanto faz isso, repita em voz alta ou mentalmente uma afirmação de purificação, como: "Com o poder do símbolo sagrado, este espaço é purificado e elevado em vibração. Todas as energias negativas são transformadas em amor e harmonia."

Ao concluir a limpeza do ambiente com o símbolo "OM'MAHN TERASH", reserve um momento para expressar gratidão pela transformação realizada. Agradeça ao símbolo, à energia arcturiana e ao próprio espaço por permitir a purificação e a elevação de sua vibração. Sinta a serenidade e o bem-estar presentes no ambiente recém-purificado.

Purificação emocional

Utilizando o símbolo para liberar emoções reprimidas, traumas e ressentimentos, promovendo a cura emocional

As emoções desempenham um papel fundamental em nossas vidas, e muitas vezes acumulamos emoções reprimidas, traumas e ressentimentos que podem afetar negativamente nosso bem-estar emocional. Ao utilizar o símbolo "OM'MAHN TERASH" de maneira intencional, podemos liberar essas emoções e promover a cura emocional, criando espaço para o crescimento e a transformação interior.

O símbolo "OM'MAHN TERASH" possui uma energia purificadora e transformadora única. Sua forma geométrica sagrada contém vibrações sutis que podem ajudar a dissolver emoções negativas e liberar bloqueios emocionais. Ao visualizar e se conectar com esse símbolo, podemos acessar sua energia curativa e permitir que ela trabalhe em nosso interior, promovendo a purificação emocional e a renovação.

Antes de começar o processo de purificação emocional com o símbolo "OM'MAHN TERASH", encontre um espaço tranquilo onde você se sinta confortável e seguro. Reserve alguns momentos para se concentrar em sua respiração e trazer sua atenção para o momento presente. Deixe de lado quaisquer distrações externas e esteja aberto para o processo de cura que está prestes a ocorrer.

Mentalize a imagem do símbolo "OM'MAHN TERASH". Observe seus detalhes, suas linhas e formas sagradas. Visualize-o brilhando intensamente, irradiando uma luz purificadora e curativa. Permita-se mergulhar na energia do símbolo, sentindo sua presença envolvendo todo o seu ser.

Traga à consciência quaisquer emoções reprimidas, traumas ou ressentimentos que você deseja liberar e curar. Reconheça a presença dessas emoções em seu corpo e em sua mente. Esteja disposto a enfrentá-las com compaixão e aceitação.

Enquanto mantém a visualização do símbolo "OM'MAHN TERASH", permita-se sentir uma profunda conexão com sua energia purificadora. Sinta como essa energia penetra em seu ser, envolvendo suas emoções e trazendo uma sensação de alívio e liberação. Visualize o símbolo atuando como um canal de cura, dissolvendo as emoções reprimidas e trazendo à tona uma sensação de clareza e bem-estar emocional.

Com a energia do símbolo "OM'MAHN TERASH" permeando seu ser, comece a liberar suavemente as emoções reprimidas. Permita-se sentir essas emoções completamente, sem julgamento ou resistência. Deixe-as fluir naturalmente, sabendo que você está em um espaço seguro e protegido. À medida que você libera as emoções, visualize-as sendo transformadas em energia pura e liberadas para o universo.

À medida que você continua a trabalhar com o símbolo "OM'MAHN TERASH", permita-se sentir uma sensação de cura e renovação emocional. Sinta como as emoções negativas e reprimidas estão sendo substituídas por uma sensação de paz, equilíbrio e bem-estar. Permita que essa energia de cura permeie todo o seu ser, nutrindo-o e fortalecendo-o emocionalmente.

A prática de purificação emocional com o símbolo "OM'MAHN TERASH" é uma ferramenta poderosa para liberar emoções reprimidas, traumas e ressentimentos. Ao se conectar com esse símbolo sagrado, podemos acessar sua energia purificadora e transformadora, permitindo-nos curar e renovar nossos corações e mentes.

Lembre-se de que a cura emocional é um processo contínuo, e o símbolo "OM'MAHN TERASH" pode ser uma fonte de apoio e guia ao longo desse caminho. Ao trabalhar com esse símbolo com intenção e autocompaixão, você pode abrir espaço para a paz interior e a liberdade emocional.

Mantra

O mantra associado ao símbolo "OM'MAHN TERASH" é "Om Mahn Terash".

Esse mantra tem origem na antiga linguagem arcturiana e é considerado um som sagrado que ressoa com a energia purificadora e transformadora do símbolo.

O mantra "Om Mahn Terash" é uma combinação de palavras e sons que possuem um significado profundo e poderoso. Cada parte do mantra carrega uma vibração única que auxilia na purificação emocional e espiritual. Vamos explorar o significado de cada componente do mantra:
- **Om**: Considerado o som primordial do universo, representa a essência divina. Entoar "Om" ajuda a criar um estado de harmonia e conexão com o divino, proporcionando um ponto de partida para a purificação e transformação.
- **Mahn**: Representa a energia da purificação e liberação. Traz o poder de dissolver bloqueios e impurezas emocionais e energéticas, permitindo a cura e renovação interior.
- **Terash**: Carrega a energia de transformação e elevação espiritual, simbolizando a capacidade de transcender limitações e alcançar maior consciência e conexão espiritual.

Ao entoar o mantra "Om Mahn Terash" de forma regular e intencional, você pode ativar a energia purificadora e transformadora do símbolo "OM'MAHN TERASH". Esse mantra pode ser usado como uma prática de meditação ou como um meio de concentração durante a visualização do símbolo. À medida que você se conecta com as vibrações sonoras do mantra, permite que a energia purificadora penetre em todos os níveis do seu ser, facilitando a liberação e a cura emocional.

Lembre-se de que a entoação do mantra deve ser feita com intenção e devoção, permitindo que o som reverbere em seu corpo e mente. Praticar o mantra "Om

Mahn Terash" regularmente pode fortalecer sua conexão com a energia do símbolo e amplificar sua capacidade de purificação emocional e espiritual.

Capítulo 05
Integração

Integra todos os aspectos da pessoa, unificando personalidade e alma

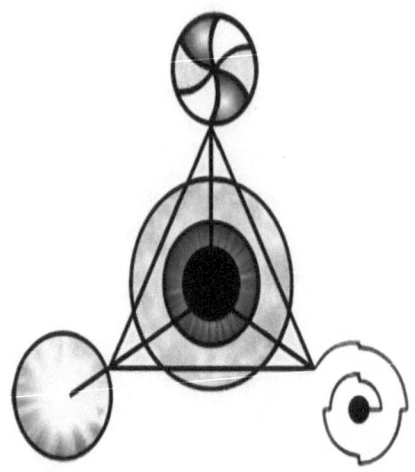

THEMA'LLESH

**Unificando os Aspectos Internos:
Integrando os Diferentes Aspectos da Personalidade
e Alinhando-os Com a Essência do Ser**

Este capítulo é dedicado à poderosa ferramenta de integração e harmonização interna: o símbolo conhecido como "THEMA'LLESH". Este símbolo sagrado dos Arcturianos tem o poder de unificar os aspectos da sua personalidade, trazendo equilíbrio e alinhamento com a sua verdadeira essência. Neste capítulo, exploraremos como utilizar o "THEMA'LLESH" para unificar os diferentes aspectos internos, permitindo uma jornada de autodescoberta e crescimento pessoal.

Antes de mergulharmos no processo de integração, é importante reconhecer os diferentes aspectos da nossa personalidade. Cada um de nós carrega uma multiplicidade de características, pensamentos, emoções e crenças. Ao nos conscientizarmos desses aspectos, podemos começar a compreender melhor como eles influenciam nosso comportamento e nossas experiências de vida.

A integração dos aspectos internos é fundamental para alcançar um estado de harmonia e equilíbrio. Muitas vezes, encontramo-nos em conflito interno, divididos entre desejos, crenças e emoções contraditórias. Essa falta de integração pode levar a sentimentos de confusão, indecisão e desconexão com nossa verdadeira essência. Ao buscar a unificação interna, podemos experimentar uma sensação de paz, autenticidade e plenitude.

O símbolo "THEMA'LLESH" é uma representação visual da integração e unificação dos aspectos internos. Ao visualizar e se conectar com esse símbolo, você permite que sua energia sagrada trabalhe em seu ser, promovendo a integração dos aspectos que estão prontos para serem unificados. O "THEMA'LLESH" é um convite para explorar suas sombras, abraçar seus dons e talentos, e reconhecer sua totalidade como um ser humano único.

Vamos explorar diversas práticas e técnicas para facilitar o processo de integração utilizando o símbolo

"THEMA'LLESH". Abordando meditações guiadas, visualizações e exercícios de autodescoberta que ajudarão você a acessar e integrar seus aspectos internos. Ao se engajar nessas práticas, você estará fortalecendo a conexão com sua verdadeira essência e permitindo que seu potencial se manifeste plenamente.

Além de utilizar o símbolo "THEMA'LLESH" em práticas específicas, é importante levar a integração para a vida cotidiana. Através da conscientização constante dos diferentes aspectos internos, você poderá aplicar os princípios de unificação em suas interações, relacionamentos e tomadas de decisão. Ao cultivar uma mentalidade integrada, você estará alinhado com sua essência e poderá viver uma vida autêntica e significativa.

O processo de integração interna é uma jornada contínua de autodescoberta e crescimento pessoal. O símbolo "THEMA'LLESH" é uma poderosa ferramenta para auxiliá-lo nessa jornada, permitindo que você se reconheça como um ser multidimensional e unificado. Ao utilizar o símbolo e praticar a integração dos aspectos internos, você estará no caminho para experimentar uma vida de harmonia, autenticidade e plenitude.

Trabalhando na unificação e equilíbrio dos corpos emocional, mental e espiritual

Neste capítulo, iremos explorar o poderoso símbolo da integração, o "THEMA'LLESH", sendo utilizado para harmonizar e unificar esses aspectos fundamentais do nosso ser. Ao alinhar e equilibrar esses corpos, podemos alcançar um estado de maior bem-estar, clareza mental e conexão espiritual.

Antes de mergulharmos nas práticas de unificação, é importante compreendermos os diferentes corpos que compõem nossa existência. O corpo emocional está relacionado aos nossos sentimentos, emoções e reações emocionais. O corpo mental refere-se aos nossos pensamentos, crenças e padrões de pensamento. Já o corpo espiritual está relacionado à nossa conexão com algo maior, nossa espiritualidade e propósito de vida.

É importante observar se há desequilíbrios ou bloqueios e que esses desequilíbrios podem se manifestar como emoções negativas persistentes, pensamentos limitantes ou uma sensação de desconexão espiritual. Ao reconhecer esses padrões, podemos direcionar nossa atenção para a busca de equilíbrio e unificação.

A seguir, apresentarei uma prática passo a passo para trabalhar na unificação e equilíbrio dos corpos emocional, mental e espiritual, utilizando o símbolo da integração, o "THEMA'LLESH".

Siga os seguintes passos:
1. Encontre um local tranquilo onde você possa se sentar confortavelmente. Respire profundamente algumas vezes, permitindo que seu corpo e mente se acalmem.
2. Visualize o símbolo "THEMA'LLESH" em sua mente. Observe seus detalhes, cores e formas. Permita-se conectar com a energia e significado

desse símbolo, que representa a unificação e harmonia.
3. Coloque sua mão sobre o coração e faça uma intenção sincera de unificar seus corpos emocional, mental e espiritual. Visualize-os se fundindo em um estado de equilíbrio e harmonia. Sinta a energia fluindo entre eles, trazendo uma sensação de integridade e plenitude.
4. Visualize qualquer bloqueio ou energia estagnada nos corpos emocional, mental e espiritual sendo liberada e dissolvida. Sinta-se leve e livre dessas limitações, permitindo que a energia flua livremente através de você.
5. Visualize-se conectando-se profundamente com sua essência espiritual. Sinta essa conexão fortalecendo-se à medida que você se alinha com sua verdadeira natureza. Permita que essa conexão inspire e guie seus pensamentos, emoções e ações.
6. Finalize a prática expressando gratidão pela oportunidade de unificar seus corpos emocional, mental e espiritual. Sinta-se grato pela harmonia e equilíbrio que está cultivando em sua vida. Respire profundamente algumas vezes e, quando estiver pronto, abra os olhos.

Mantra associado:
Após a prática de unificação dos corpos, você pode recitar o mantra associado a este capítulo para intensificar os efeitos e reforçar sua intenção de equilíbrio e unificação. O mantra é: "Om Shanti Om" –

que significa "Paz Profunda". Recite-o permitindo que as palavras ressoem em seu ser.

A prática de unificação e equilíbrio dos corpos emocional, mental e espiritual utilizando o símbolo da integração, o "THEMA'LLESH", pode trazer uma profunda transformação e harmonia para sua vida. Ao trabalhar conscientemente nessa integração, você estará no caminho para experimentar uma sensação de totalidade e bem-estar em todos os aspectos do seu ser. Continue a explorar e praticar essas técnicas, lembrando-se sempre de honrar e nutrir cada um dos seus corpos.

Integração com a sabedoria ancestral: Incorporando os ensinamentos e a sabedoria transmitida pelas gerações passadas

Vamos explorar como o poderoso símbolo da integração, o "THEMA'LLESH", pode nos ajudar a conectar com os ensinamentos e a sabedoria transmitida pelas gerações passadas. Ao incorporar esses ensinamentos em nossa jornada, podemos trazer profundidade e significado às nossas experiências de vida.

A sabedoria ancestral é o acúmulo de conhecimentos, experiências e valores transmitidos de geração em geração. Ela contém os ensinamentos valiosos e as práticas que moldaram as sociedades e as culturas ao longo dos tempos. Ao reconhecer a importância dessa sabedoria, abrimos espaço para nos conectar com nossa própria herança cultural e com as lições que podem enriquecer nossa jornada.

Antes de mergulharmos na prática de integração com a sabedoria ancestral, é importante dedicar um tempo para explorar e conhecer as tradições, histórias e práticas de nossos antepassados. Isso pode ser feito por meio da pesquisa, conversas com familiares mais velhos, estudos culturais e imersão em rituais e cerimônias tradicionais.

Siga os seguintes passos:
1. Encontre um local tranquilo onde você possa se sentir confortável e em paz. Reserve um momento para relaxar e acalmar sua mente por meio de algumas respirações profundas.
2. Feche os olhos e visualize o símbolo "THEMA'LLESH" em sua mente. Observe seus detalhes, cores e formas. Sinta a energia e a força desse símbolo, que representa a união do passado, do presente e do futuro.
3. Mentalmente, estabeleça uma conexão com seus ancestrais. Visualize-os ao seu redor, envolvendo-o com sua presença amorosa e sábia. Sinta a energia deles, o apoio e a orientação que eles podem oferecer.
4. Coloque a mão no coração e faça uma intenção sincera de incorporar os ensinamentos e a sabedoria transmitida pelos seus antepassados. Abra-se para receber os insights, os valores e as lições que eles têm para compartilhar.
5. Dedique um tempo para refletir sobre os ensinamentos e valores transmitidos pelos seus

antepassados. Pergunte-se como esses ensinamentos podem ser aplicados em sua vida diária, trazendo sabedoria, equilíbrio e crescimento pessoal.

6. Identifique uma prática ou ritual que esteja alinhado com a sabedoria ancestral que você deseja incorporar. Pode ser uma cerimônia, uma meditação, uma dança ou qualquer outra forma de expressão que ressoe com você. Desenvolva essa prática regularmente, trazendo a presença e a conexão com seus antepassados.

Mantra associado:

Após a prática de integração com a sabedoria ancestral, você pode recitar o mantra associado para fortalecer a conexão com seus antepassados e amplificar os efeitos dessa integração. O mantra é: "Aum Vande Gurunam Charanaravinde" – que significa "Saúdo os pés de lótus dos mestres e professores". Recite-o permitindo que as palavras reverberem em seu ser.

Ao integrar a sabedoria ancestral em sua vida, você nutre um elo profundo com suas raízes e traz um sentido mais profundo e significativo à sua jornada. Ao utilizar o símbolo da integração, o "THEMA'LLESH", você fortalece essa conexão e permite que a sabedoria transmitida pelas gerações passadas o guie em sua evolução pessoal. Continue a explorar e honrar a sabedoria ancestral, reconhecendo a importância desses ensinamentos em sua jornada de autodescoberta e crescimento.

Alinhando-se com a alma:
Explorando a jornada de integração entre a personalidade e a alma, alinhando-se com o propósito de vida

Esta parte do livro é dedicada a explorar a jornada de integração entre a personalidade e a alma, e como isso nos permite alinhar com nosso propósito de vida. Vamos mergulhar na sabedoria do símbolo da integração, o "THEMA'LLESH", para nos auxiliar nessa jornada de descoberta interior e conexão com nossa essência mais profunda.

Antes de mergulharmos na prática de alinhamento com a alma, é importante compreender a diferença entre a personalidade e a alma. A personalidade é a expressão única de quem somos neste mundo físico, enquanto a alma é nossa essência eterna e divina. A jornada de integração consiste em unificar e harmonizar esses aspectos de nossa existência.

Cada um de nós possui um propósito de vida único e significativo. É através da integração entre a personalidade e a alma que podemos descobrir e alinhar com esse propósito. Ao nos conectarmos com nossa essência mais profunda, somos capazes de trazer autenticidade, alegria e contribuição para o mundo.

Siga os seguintes passos:
1. Encontre um espaço tranquilo onde você possa se sentir confortável e em paz. Reserve um momento para acalmar sua mente por meio de algumas respirações profundas.
2. Feche os olhos e visualize o símbolo "THEMA'LLESH" em sua mente. Permita que

sua forma e energia preencham sua consciência, criando uma sensação de harmonia e integração.
3. Mentalmente, direcione sua atenção para o centro do seu coração, o local onde a alma reside. Sinta a presença suave e amorosa da sua alma, conectando-se com você em um nível profundo.
4. Inicie um diálogo interno com sua alma. Faça perguntas como: "Qual é o meu propósito de vida?", "Como posso me alinhar mais plenamente com minha essência?" e "O que minha alma deseja expressar neste mundo?"
5. Após fazer as perguntas, permita-se ficar em silêncio e ouvir atentamente as respostas que surgem de sua alma. Elas podem se manifestar como sentimentos, intuições, insights ou até mesmo palavras e imagens.
6. Com base nas respostas recebidas, identifique ações concretas que estejam alinhadas com a sua essência e propósito de vida. Pode ser a busca de uma nova carreira, a criação de um projeto significativo ou a prática diária de ações que reflitam quem você realmente é.

Mantra associado:

Ao concluir a prática de alinhamento com a alma, você pode recitar o mantra associado a este capítulo para fortalecer a conexão com sua essência divina e reforçar o alinhamento com seu propósito de vida. O mantra é: "Aum Shanti, Aum Namah Shivaya" – que pode ser traduzido como "A paz está em mim, eu me curvo perante a divindade interior". Recite-o permitindo que suas vibrações elevem sua energia.

A jornada de integração entre a personalidade e a alma é um caminho poderoso de autodescoberta, crescimento e alinhamento com o propósito de vida. Ao utilizar o símbolo da integração, o "THEMA'LLESH", você fortalece essa conexão e permite que a sabedoria da sua alma guie sua jornada. Continue a explorar e nutrir essa relação sagrada, vivendo uma vida autêntica e significativa, em harmonia com sua essência mais profunda.

Capítulo 06
Manifestação

Potencializa a Capacidade de Manifestar Desejos, Alinhando-os Com o Seu Propósito Maior

ARCTURY'ANN

Neste capítulo, exploraremos mais um pouco o poderoso símbolo "ARCTUR'ANN" e sua capacidade de auxiliar no alinhamento dos desejos pessoais com o propósito maior. Através desse símbolo, você será capaz de atrair e manifestar de forma consciente aquilo que mais deseja em sua vida. A manifestação ocorre quando nossas intenções, pensamentos e emoções estão em harmonia com o fluxo universal de energia. Ao utilizar o símbolo "ARCTUR'ANN" como uma ferramenta visual e energética, você poderá potencializar o processo de manifestação e criar uma realidade mais alinhada com seus desejos mais profundos.

Antes de mergulharmos na prática de alinhamento com os desejos mais profundos, é importante compreender os princípios fundamentais por trás da manifestação consciente. Discutiremos a lei da atração, o poder do pensamento positivo e a importância de definir intenções claras e vibrantes.

Apresentaremos o símbolo "ARCTUR'ANN" e sua origem na geometria sagrada arcturiana. Discutiremos sua forma, cores e significado simbólico, destacando como esses elementos estão relacionados à manifestação de desejos. Será fornecida uma imagem visual do símbolo para que você possa se conectar com sua energia e potencial.

Alinhando-se com o propósito maior

A chave para uma manifestação bem-sucedida é o alinhamento com o propósito maior. Nesta seção, compartilharemos práticas e exercícios que ajudarão você a identificar e conectar-se com seus desejos mais profundos, aqueles que estão alinhados com sua verdadeira essência e missão de vida.

Utilizando o símbolo "ARCTUR'ANN"

Descreveremos uma prática passo a passo para utilizar o símbolo "ARCTUR'ANN" durante o processo de manifestação. Você aprenderá como visualizar o símbolo, envolver-se com sua energia e utilizá-lo como um ponto focal para concentrar seus desejos e intenções.

Será enfatizada a importância de cultivar emoções positivas e acreditar na realização dos seus desejos.

Mantra de alinhamento

Ao final, compartilharemos o mantra de alinhamento associado ao símbolo "ARCTUR'ANN". Esse mantra poderá ser entoado para fortalecer a conexão com o símbolo e intensificar o processo de manifestação. Exploraremos o significado e a pronúncia correta do mantra, ressaltando a importância de repeti-lo com intenção e devoção.

Por meio de práticas de visualização, alinhamento com o propósito maior e utilização do símbolo como ponto focal, você pode atrair e manifestar de forma consciente as experiências e circunstâncias que deseja em sua vida. Lembre-se de que a manifestação requer tempo, paciência e uma atitude positiva, mas com a prática regular, você pode criar uma realidade alinhada com sua verdadeira essência. Agora, vamos explorar a prática de alinhamento com o símbolo "ARCTUR'ANN" e seus desejos mais profundos.

A influência dos pensamentos, emoções e crenças na manifestação da realidade

A influência dos pensamentos, emoções e crenças na manifestação da realidade é um aspecto fundamental a ser compreendido quando se trata de co-criação consciente. Nossa realidade externa é um reflexo direto do nosso mundo interno, ou seja, da forma como pensamos, sentimos e acreditamos.

Nossos pensamentos desempenham um papel crucial na criação da nossa realidade. Aquilo em que colocamos nossa atenção e energia mental tende a se manifestar em nossa experiência. Se alimentarmos constantemente pensamentos positivos e construtivos, estaremos criando um campo de possibilidades favoráveis. Por outro lado, se nos permitirmos ser dominados por pensamentos negativos, limitantes e autossabotadores, estaremos atraindo experiências desafiadoras.

As emoções também desempenham um papel significativo na manifestação da realidade. Nossas emoções são energias em movimento e têm um poderoso impacto no campo vibracional ao nosso redor. Emoções elevadas, como amor, gratidão e alegria, têm uma frequência vibracional mais alta e atraem experiências positivas em nossa vida. Por outro lado, emoções negativas, como medo, raiva e tristeza, possuem uma frequência vibracional mais baixa e atraem experiências desafiadoras.

Além disso, as crenças que mantemos sobre nós mesmos, sobre os outros e sobre o mundo também têm uma influência significativa na manifestação da realidade. Nossas crenças são como programas que executam os padrões de pensamento e comportamento em nossa vida. Se acreditamos que somos dignos e merecedores de coisas boas, iremos atrair experiências alinhadas com essa crença. No entanto, se temos crenças limitantes e autodepreciativas, iremos atrair situações que confirmem essas crenças.

Portanto, para manifestar conscientemente a realidade desejada, é essencial prestar atenção aos nossos pensamentos, emoções e crenças. Devemos cultivar pensamentos positivos e construtivos, nutrir emoções elevadas e empoderadoras, e questionar e transformar crenças limitantes em crenças capacitadoras. Ao fazer isso, estaremos alinhando nossa energia e intenção com aquilo que desejamos manifestar em nossa realidade, abrindo caminho para uma experiência de vida mais positiva e gratificante.

Para utilizar o símbolo "ARCTUR'ANN" no contexto da influência dos pensamentos, emoções e crenças na manifestação da realidade, recomenda-se o seguinte:

- Feche os olhos, respire profundamente e visualize o símbolo "ARCTUR'ANN" em sua mente. Veja-o brilhando intensamente com uma luz arcturiana. Permita-se mergulhar na energia e na vibração do símbolo.
- Enquanto mantém a visualização, defina claramente a intenção de harmonizar seus pensamentos, emoções e crenças para criar uma realidade positiva e alinhada com seu bem-estar. Concentre-se na energia do símbolo como uma âncora para essa intenção.
- Utilize afirmações positivas que estejam alinhadas com sua intenção. Por exemplo, você pode afirmar: "Meus pensamentos são positivos e alinhados com a manifestação de uma realidade próspera", ou "Minhas emoções são amorosas e

elevadas, atraindo experiências positivas para minha vida".
- Permaneça em sintonia com o símbolo "ARCTUR'ANN" ao longo do dia. Visualize-o sempre que sentir que seus pensamentos, emoções ou crenças estão desalinhados com sua intenção. Use o símbolo como um lembrete para realinhar sua energia e voltar ao fluxo positivo.

A importância de estar consciente de suas intenções

A importância de estar consciente de suas intenções reside no fato de que as intenções são como direcionadores poderosos de energia e foco, e têm o potencial de criar mudanças significativas em sua realidade. Quando você define uma intenção clara e positiva, está estabelecendo uma orientação clara para suas ações, pensamentos e emoções.

Estar consciente de suas intenções significa ter clareza sobre o que você deseja manifestar em sua vida. É ter uma compreensão profunda do que é realmente importante para você, quais são seus valores e quais objetivos você deseja alcançar. Quando você está consciente de suas intenções, é capaz de alinhar suas ações e escolhas com aquilo que você realmente deseja criar.

A consciência de suas intenções também envolve a prática de estar presente no momento presente. Muitas vezes, nos deixamos levar pela correria do dia a dia e perdemos de vista o que realmente queremos alcançar. Ao cultivar a consciência de suas intenções, você se torna mais capaz de direcionar sua energia e foco para aquilo que é mais importante para você.

Além disso, estar consciente de suas intenções permite que você assuma a responsabilidade por sua própria vida e pelo processo de manifestação. Você reconhece que é o criador de sua própria realidade e que suas intenções são a chave para criar mudanças positivas. Ao se tornar consciente de suas intenções, você se torna mais capacitado para fazer escolhas alinhadas com seus objetivos e para aproveitar as oportunidades que surgem em seu caminho.

Uma prática eficaz para estar consciente de suas intenções é a visualização criativa. Ao visualizar vividamente o que você deseja manifestar, você fortalece sua intenção e cria um campo energético favorável para a realização de seus objetivos. Além disso, é importante reavaliar regularmente suas intenções, ajustando-as conforme necessário à medida que você evolui e cresce.

Em resumo, estar consciente de suas intenções é fundamental para a manifestação de uma vida autêntica e satisfatória. Quando você direciona sua energia e foco para aquilo que realmente deseja criar, você se torna um participante ativo na criação de sua própria realidade. A conscientização de suas intenções permite que você assuma o controle de sua vida e trabalhe de forma direcionada para alcançar seus objetivos e manifestar suas aspirações mais profundas.

Quanto à importância de estar consciente de suas intenções, o símbolo "ARCTUR'ANN" pode ser utilizado da seguinte forma:

- Antes de começar qualquer atividade ou processo de manifestação, reserve um momento para visualizar o símbolo "ARCTUR'ANN" e definir com clareza suas intenções. Isso ajudará você a manter o foco e a direcionar sua energia de forma consciente.
- Utilize o símbolo como um objeto de meditação ou contemplação. Ao observar sua forma e mergulhar em sua energia, você pode se conectar com suas intenções mais profundas e alinhá-las com sua verdadeira essência.
- Escreva suas intenções de forma clara e positiva, e visualize-se já vivendo e experimentando aquilo que deseja manifestar. Use o símbolo "ARCTUR'ANN" como uma representação visual de suas intenções durante esse processo.

Alinhamento com o fluxo universal de energia para criar resultados positivos

O alinhamento com o fluxo universal de energia é essencial para criar resultados positivos em nossas vidas. Nós somos seres energéticos que estão interconectados com o vasto campo de energia do universo, e quando nos sintonizamos com essa energia e fluímos em harmonia com ela, somos capazes de atrair e manifestar aquilo que desejamos.

O fluxo universal de energia é o movimento constante e vibrante que permeia tudo o que existe. É a energia vital que sustenta toda a criação e está presente em cada aspecto de nossas vidas. Quando estamos alinhados com esse fluxo, estamos em sintonia com a inteligência e o poder criativo do universo, e somos capazes de acessar seu potencial ilimitado.

O alinhamento com o fluxo universal de energia envolve estar em um estado de receptividade e abertura para receber. É deixar de lado resistências e crenças limitantes que podem bloquear ou desviar a energia positiva que está disponível para nós. Quando nos alinhamos, permitimos que essa energia flua livremente através de nós, nos fortalecendo e nos capacitando a criar resultados positivos em nossas vidas.

Existem várias práticas que podem nos ajudar a nos alinhar com o fluxo universal de energia. A meditação, por exemplo, é uma ferramenta poderosa para acalmar a mente e abrir espaço para a conexão com a energia do universo. Ao nos conectarmos com nossa respiração e nos tornarmos conscientes do momento presente, permitimos que a energia flua através de nós e nos traga clareza, insights e inspiração.

Outra prática eficaz é a visualização criativa. Ao imaginar vividamente aquilo que desejamos manifestar, estamos nos alinhando energeticamente com essa realidade desejada. A visualização nos permite enviar uma mensagem clara ao universo sobre nossas intenções e desejos, ativando assim o processo de criação.

O cultivo de emoções positivas também é fundamental para nos alinharmos com o fluxo universal de energia. Ao praticarmos gratidão, amor, alegria e outras emoções elevadas, estamos sintonizando nossos padrões vibracionais com as frequências mais altas do universo. Essas emoções positivas nos ajudam a atrair experiências e circunstâncias que estão alinhadas com nosso bem-estar e crescimento.

É importante lembrar que o alinhamento com o fluxo universal de energia não significa que tudo será fácil e perfeito em nossas vidas. A vida é uma jornada de aprendizado e crescimento, e podemos enfrentar desafios e obstáculos ao longo do caminho. No entanto, quando estamos alinhados com a energia do universo, somos capazes de lidar com esses desafios de uma maneira mais positiva e empoderada, encontrando soluções criativas e aprendendo valiosas lições ao longo do caminho.

O alinhamento com o fluxo universal de energia é fundamental para criar resultados positivos em nossas vidas. Ao nos sintonizarmos com a energia do universo e fluirmos em harmonia com ela, nos abrimos para um vasto campo de possibilidades e nos tornamos co-criadores conscientes de nossa realidade. Ao praticar técnicas como meditação, visualização e cultivo de emoções positivas, podemos nos conectar com essa energia poderosa e manifestar resultados positivos em todas as áreas de nossas vidas.

Para o alinhamento com o fluxo universal de energia e a criação de resultados positivos, o símbolo "ARCTUR'ANN" pode ser utilizado da seguinte maneira:

- Reserve um momento para se conectar com a energia universal, visualizando o símbolo "ARCTUR'ANN" e sentindo sua vibração elevada. Sinta-se conectado(a) com o fluxo abundante de energia que permeia o universo.

- Defina a intenção de se alinhar com o fluxo universal de energia. Visualize-se como um canal aberto e receptivo, permitindo que a energia positiva flua através de você e em direção às suas intenções e desejos.
- Utilize o símbolo "ARCTUR'ANN" em práticas como reiki, cura energética ou outras modalidades que você esteja familiarizado(a). Posicione o símbolo em locais relevantes durante a prática, como sobre o corpo ou em espaços energéticos.
- Se desejar, você também pode gravar o símbolo "ARCTUR'ANN" em objetos, como cristais ou amuletos, para potencializar sua conexão com a energia universal e criar um lembrete constante de seu alinhamento.

Passo a passo para a co-criação consciente com o símbolo "ARCTUR'ANN"

Encontre um local tranquilo e livre de distrações, onde você possa se concentrar.

Sente-se em uma posição confortável, mantendo a coluna ereta. Respire profundamente algumas vezes para relaxar e centrar-se.

Conexão com o símbolo "ARCTUR'ANN"

Feche os olhos e visualize o símbolo "ARCTUR'ANN".

Observe os detalhes de sua forma, cores e energia.

Sinta a presença do símbolo em seu campo energético, emanando uma luz brilhante e amorosa.

Enquanto visualiza o símbolo, defina com clareza sua intenção para a co-criação consciente. Formule sua intenção de maneira positiva e afirmativa:

"Eu co-crio conscientemente uma realidade de abundância e amor em todos os aspectos da minha vida."

Sinta-se alinhado(a) com a sua intenção, permitindo que ela ressoe em seu ser. Visualize-se já vivendo e experimentando aquilo que deseja manifestar.
Sinta a emoção e a gratidão como se já tivesse alcançado seus objetivos.

Coloque suas mãos sobre o símbolo "ARCTUR'ANN" (no livro há a imagem) ou visualize suas mãos segurando o símbolo em sua mente.
Sinta a energia do símbolo fluindo através de suas mãos e permeando todo o seu ser. Visualize a energia do símbolo se fundindo com sua intenção, fortalecendo-a e ampliando seu poder de manifestação.

Após ancorar sua intenção com o símbolo, esteja aberto(a) a receber inspirações e orientações. Esteja atento(a) a sinais, sincronicidades e oportunidades que possam surgir em seu caminho. Tome ações que estejam alinhadas com sua intenção e que sejam inspiradas pelo seu coração e intuição.

Confie no processo de co-criação consciente e na sabedoria do universo. Cultive uma atitude de gratidão por tudo o que você já tem e por todas as manifestações que estão por vir. Expresse sua gratidão ao símbolo "ARCTUR'ANN" e à energia universal por apoiarem sua jornada de co-criação consciente.

Direcionando a intenção para manifestar desejos

Direcionando a intenção para manifestar desejos é um tópico que se refere à capacidade de direcionar conscientemente nossos pensamentos, emoções e energia para criar a realidade que desejamos experimentar.

A intenção é a energia criativa por trás de nossas ações e manifestações, e quando aprendemos a direcioná-la de forma clara e focada, podemos atrair e manifestar aquilo que mais desejamos em nossas vidas.

A base desse processo está na compreensão de que somos seres vibracionais em um universo vibracional, onde tudo é energia. Nossos pensamentos, emoções e crenças emitem uma frequência energética que interage com o campo quântico do universo, atraindo experiências e circunstâncias que estejam em sintonia com essa vibração.

Passos para direcionar a intenção para manifestar desejos:

Passo 1: Defina claramente o desejo
Comece por identificar um desejo específico que você gostaria de manifestar em sua vida. Pode ser relacionado à saúde, relacionamentos, carreira, finanças, ou qualquer outra área que seja importante para você.
Escreva esse desejo de forma clara e objetiva.

Passo 2: Visualização criativa
Encontre um local tranquilo onde você possa se sentar confortavelmente. Feche os olhos e respire profundamente algumas vezes para relaxar. Visualize-se como se já estivesse vivendo o desejo manifestado.
Veja-se em detalhes, como se estivesse assistindo a um filme da sua vida.
Sinta as emoções positivas associadas a essa realização, permitindo-se experimentar a alegria, a gratidão e a satisfação.

Passo 3: Afirmações positivas
Repita afirmações positivas relacionadas ao seu desejo manifestado.
Por exemplo, se o seu desejo é alcançar um estado de saúde ideal, você pode repetir afirmações como:
- **"Eu sou saudável e vibrante em todos os aspectos do meu ser."**
- **"Eu sou grato(a) pela minha saúde radiante e vitalidade."**

Diga as afirmações permitindo que elas penetrem em sua consciência e fortaleçam sua crença na manifestação do desejo.

Passo 4: Expressão criativa

Utilize uma forma de expressão criativa para representar o seu desejo manifestado. Isso pode ser feito através do desenho, escrita, pintura, ou qualquer outro meio que você se sinta confortável.

Deixe a sua criatividade fluir livremente e represente o seu desejo de forma visual ou textual.

Passo 5: Ação inspirada

Esteja aberto para receber insights e inspirações sobre os passos que você pode tomar para manifestar seu desejo. Esteja atento(a) às oportunidades e sincronicidades que podem surgir em seu caminho. Tome ação de acordo com esses insights, confiando que o universo está apoiando a realização do seu desejo.

Repita esse exercício regularmente para reforçar sua intenção e manter o foco na manifestação do seu desejo. Lembre-se de que a consistência e a crença na sua capacidade de manifestar são fundamentais para o sucesso.

Mantra

O mantra associado ao capítulo de co-criação consciente com o símbolo "ARCTUR'ANN" é: "Om Arctur'Ann Shakti". Este mantra pode ser entoado como uma forma de fortalecer a conexão com o símbolo e ampliar o poder de manifestação. O mantra representa a união da energia cósmica com a energia pessoal, ativando o potencial criativo e permitindo que você manifeste seus desejos mais profundos. Ao entoar o mantra, concentre-se em sua vibração e permita que ele ressoe em todo o seu ser, alinhando-o com a energia de co-criação consciente.

Alinhando-se com a energia da abundância: Expandindo a consciência para a energia da abundância e permitindo que ela se manifeste em todas as áreas da vida

No caminho da autotransformação e crescimento espiritual, uma das áreas em que muitas pessoas buscam evoluir é a abundância. A energia da abundância nos conecta com a prosperidade e a generosidade do universo, permitindo que fluamos em harmonia com as riquezas disponíveis para nós. Vamos explorar como podemos alinhar nossa energia com a abundância utilizando o poderoso símbolo da Integração, o "ARCTUR'ANN".

Compreendendo a energia da abundância

Nesta seção vamos nos aprofundar no entendimento da energia da abundância. É importante compreendermos o significado e a essência dessa energia para podermos nos alinhar com ela de maneira consciente e efetiva. A abundância não se refere apenas a riquezas materiais, mas abrange todas as áreas da vida, incluindo saúde, relacionamentos, felicidade e realização espiritual.

Para começar, vamos explorar o conceito de abundância e como ele se relaciona com a nossa consciência. Abundância é uma qualidade do universo, que está sempre disponível para todos nós. É a percepção de que existe o suficiente e mais do que suficiente para suprir todas as nossas necessidades e desejos legítimos.

No entanto, muitas vezes somos condicionados a acreditar em escassez e limitação. Isso pode estar enraizado em experiências passadas, crenças limitantes e mensagens negativas que recebemos da sociedade. Essas crenças podem nos levar a sentir falta, apegar-nos ao que temos e a ter medo de perder. No entanto, quando expandimos nossa consciência e nos abrimos para a energia da abundância, começamos a perceber que a escassez é uma ilusão e que somos co-criadores de nossa realidade.

É importante reconhecermos e examinarmos nossas crenças limitantes sobre a abundância. Essas crenças podem se manifestar como pensamentos negativos, autossabotagem ou uma mentalidade de falta. Alguns exemplos comuns de crenças limitantes sobre a abundância incluem:

- "O dinheiro é difícil de ganhar."
- "Eu não mereço prosperar."
- "Não há o suficiente para todos."
- "A riqueza é apenas para algumas pessoas privilegiadas."

Ao nos conscientizarmos dessas crenças limitantes, podemos começar a questioná-las e substituí-las por crenças mais capacitadoras. Isso requer um trabalho interno de autodescoberta e autotransformação. Podemos buscar apoio em práticas como meditação, visualização e afirmações positivas para reprogramar nossa mente e nos alinhar com a energia da abundância.

Uma vez que começamos a questionar e liberar nossas crenças limitantes sobre a abundância, é hora de despertar a consciência para a verdade da abundância. Essa verdade é baseada na compreensão de que somos seres divinos e que a abundância é nossa natureza inerente.

Podemos nos conectar com a verdade da abundância através de práticas de mindfulness, gratidão e conexão com a natureza. Ao nos sintonizarmos com o momento presente e cultivarmos um senso de gratidão pelo que temos, começamos a perceber a abundância que nos rodeia. A gratidão nos coloca em um estado de receptividade e abertura para receber mais bênçãos em nossa vida.

Além disso, podemos nos lembrar de que somos co-criadores de nossa realidade. Nossos pensamentos, emoções e ações têm o poder de moldar nossa experiência. Ao escolhermos direcionar nossa atenção para o que queremos criar e manifestar em nossas vidas, estamos alinhando nossa energia com a energia da abundância.

Ao compreendermos a relação entre a consciência e a energia da abundância, reconhecermos nossas crenças limitantes e despertarmos para a verdade da abundância, estaremos preparados para avançar e explorar as práticas e técnicas que nos ajudarão a nos alinhar com a energia da abundância de maneira mais profunda e consciente.

Sintonizando-se com a energia da abundância

Vamos explorar maneiras de sintonizar nossa energia com a frequência da abundância. Utilizaremos o poderoso símbolo "ARCTUR'ANN" como uma âncora para essa energia, praticaremos a visualização para nos conectar com a abundância e trabalharemos com afirmações positivas para reprogramar crenças limitantes e fortalecer a mentalidade da abundância em nossas vidas.

Utilizando o símbolo "ARCTUR'ANN" como uma âncora para a energia da abundância

O símbolo "ARCTUR'ANN" é uma poderosa ferramenta para ancorar a energia da abundância em nossas vidas. Sua forma geométrica única representa a harmonia e o fluxo constante de energia abundante. Ao visualizarmos e meditarmos com esse símbolo, podemos nos sintonizar com sua frequência vibracional e permitir que a energia da abundância flua livremente através de nós.

Para utilizar o símbolo "ARCTUR'ANN", siga estes passos:

1. Encontre um local tranquilo onde você possa se sentar confortavelmente. Certifique-se de que esteja em um ambiente calmo e sem distrações.
2. Segure uma imagem ou desenho do símbolo "ARCTUR'ANN" em suas mãos.
3. Feche os olhos e respire profundamente algumas vezes, permitindo que seu corpo relaxe e sua mente se acalme.
4. Imagine o símbolo "ARCTUR'ANN" brilhando intensamente na sua frente. Observe seus padrões geométricos e as cores vibrantes que o compõem.
5. À medida que você continua a observar o símbolo, permita-se sentir a energia da abundância emanando dele. Sinta essa energia se infiltrando em todo o seu ser, preenchendo cada célula do seu corpo.
6. Enquanto você se conecta com a energia da abundância, visualize-a fluindo para todas as áreas da sua vida. Veja-se cercado por abundância financeira, amorosa, criativa e todas as outras formas de abundância que você deseja manifestar.
7. Permaneça nesse estado de conexão com o símbolo e a energia da abundância pelo tempo que desejar. Sinta-se grato por receber essa energia e confie que ela está trabalhando em seu benefício.

Prática de visualização para se conectar com a energia abundante

A visualização é uma prática poderosa para sintonizar nossa energia com a frequência da abundância. Ela nos ajuda a criar uma imagem clara e vívida do que desejamos manifestar em nossas vidas, ativando a energia necessária para tornar esses desejos realidade.

Para praticar a visualização da abundância, siga os passos a seguir:

1. Encontre um lugar tranquilo e confortável onde você possa relaxar e se concentrar em sua visualização.
2. Feche os olhos e comece a respirar profundamente, permitindo que seu corpo relaxe a cada expiração.
3. Visualize-se em um ambiente que represente a abundância para você. Pode ser um jardim exuberante, uma praia paradisíaca ou qualquer outro lugar que inspire uma sensação de prosperidade e plenitude.
4. Explore esse ambiente em sua mente, prestando atenção aos detalhes. Observe as cores, os cheiros, os sons e as sensações físicas desse lugar abundante.
5. À medida que você se conecta com a energia desse ambiente, comece a visualizar seus desejos e metas manifestando-se ao seu redor. Veja-se desfrutando de sucesso financeiro, relacionamentos harmoniosos, saúde vibrante e tudo o mais que desejar.

6. Envolva-se completamente na sensação de ter tudo o que deseja. Sinta as emoções positivas e a gratidão por ter alcançado a abundância em todas as áreas da sua vida.
7. Mantenha essa visualização por alguns minutos, permitindo que a energia da abundância se fortaleça dentro de você. Sinta-se conectado com essa energia e alegre-se com a certeza de que ela está se manifestando em sua realidade.

Trabalhando com afirmações positivas para reprogramar crenças limitantes e fortalecer a mentalidade da abundância

Nossas crenças desempenham um papel crucial na criação da nossa realidade. Se tivermos crenças limitantes em relação à abundância, isso pode bloquear nosso fluxo de energia e impedir a manifestação de nossos desejos. Portanto, é importante trabalhar conscientemente para reprogramar essas crenças e fortalecer uma mentalidade de abundância.

Uma maneira eficaz de reprogramar crenças limitantes é trabalhar com afirmações positivas. As afirmações são declarações positivas que reforçam uma nova maneira de pensar e agir. Elas ajudam a substituir padrões de pensamento negativos por pensamentos positivos e capacitadores.

Para trabalhar com afirmações positivas relacionadas à abundância, siga estas etapas:

1. Identifique crenças limitantes relacionadas à abundância que você gostaria de mudar. Essas crenças podem incluir pensamentos como "Eu nunca tenho dinheiro suficiente" ou "A prosperidade é para os outros, não para mim".
2. Crie afirmações positivas que contradigam essas crenças limitantes. Por exemplo, você pode afirmar:
   - "Eu sou digno e merecedor de toda a abundância que o universo tem a oferecer."
   - "Eu sou um imã para a prosperidade e as oportunidades abundantes."
3. Repita essas afirmações diariamente, de preferência pela manhã e antes de dormir. Diga-as em voz alta com confiança e convicção, ou escreva-as em um diário de afirmações.
4. À medida que você repete as afirmações, permita-se sentir a verdade e a realidade dessas declarações. Visualize-se vivendo uma vida abundante e sinta as emoções positivas associadas a essa realidade.
5. Ao longo do tempo, as afirmações positivas ajudarão a reprogramar sua mente subconsciente e fortalecerão sua mentalidade da abundância. Você começará a perceber mudanças positivas em suas percepções, atitudes e experiências em relação à abundância.

Lembre-se de que a prática consistente é fundamental para obter resultados duradouros. Quanto mais você trabalhar com o símbolo "ARCTUR'ANN", praticar a visualização da abundância e utilizar afirmações positivas, mais estará sintonizado com a energia da abundância e permitirá que ela se manifeste em todas as áreas de sua vida.

Despertando a gratidão e a generosidade

A gratidão e a generosidade são poderosas ferramentas para despertar a energia da abundância em nossas vidas. Quando somos gratos pelo que temos e compartilhamos de maneira generosa, abrimos espaço para receber ainda mais bênçãos e abundância em todas as áreas de nossa vida.

Nesta seção, exploraremos o papel da gratidão na manifestação da abundância, apresentaremos uma prática diária de gratidão e discutiremos a importância de cultivar a generosidade como um ato de compartilhar e receber ainda mais abundância.

A gratidão é uma emoção poderosa que nos conecta com a energia positiva do momento presente. Quando cultivamos a gratidão, reconhecemos e apreciamos as bênçãos, as experiências e as pessoas em nossas vidas. Essa prática de gratidão cria um estado de receptividade e permite que mais coisas positivas se manifestem.

A gratidão desempenha um papel fundamental na manifestação da abundância, pois nos ajuda a mudar nossa perspectiva para uma mentalidade de abundância. Quando nos concentramos no que já temos e agradecemos por isso, estamos enviando uma mensagem ao universo de que estamos abertos para receber mais. Ao cultivar a gratidão, estamos vibrando em uma frequência elevada, alinhados com a energia da abundância.

Prática de gratidão diária para abrir espaço para mais bênçãos

A prática diária de gratidão é uma maneira poderosa de despertar a energia da abundância em nossas vidas. Aqui está um passo a passo para incorporar essa prática em sua rotina diária:

1. Reserve um momento todos os dias para se conectar com a gratidão. Pode ser de manhã, antes de dormir ou em qualquer momento que você escolher.
2. Feche os olhos e respire profundamente algumas vezes para relaxar e se concentrar.
3. Comece a refletir sobre todas as coisas pelas quais você é grato em sua vida. Pode ser algo tão simples quanto o sol brilhando lá fora, sua saúde, seus entes queridos, suas conquistas ou qualquer outra coisa que traga alegria e gratidão ao seu coração.
4. À medida que você se concentra em cada item de gratidão, sinta a emoção positiva que isso traz. Permita que essa emoção se expanda dentro de você e preencha seu ser.
5. Você pode optar por expressar sua gratidão por escrito em um diário de gratidão, simplesmente fazendo uma lista das coisas pelas quais você é grato, ou pode falar em voz alta para si mesmo.

6. À medida que você pratica a gratidão diariamente, observe como sua perspectiva começa a mudar e como você se sente mais aberto e receptivo às bênçãos e à abundância em sua vida.

Cultivando a generosidade como um ato de compartilhar e receber ainda mais abundância

A generosidade é um ato de compartilhar o que temos, seja nosso tempo, nossos recursos ou nossas habilidades, com os outros. Quando somos generosos, estamos reconhecendo a natureza abundante do universo e mostrando nossa confiança de que sempre haverá o suficiente para todos.

Ao cultivar a generosidade, estamos criando um ciclo de energia positiva. Ao compartilhar o que temos, estamos enviando uma mensagem ao universo de que estamos dispostos a compartilhar e receber em igual medida. A generosidade nos lembra que não estamos sozinhos no mundo e que podemos fazer a diferença na vida de outras pessoas.

Você pode cultivar a generosidade de várias maneiras:
1. Esteja aberto para ajudar os outros quando surgirem oportunidades. Pode ser algo tão simples como oferecer uma mão amiga, compartilhar um elogio ou apoiar alguém em um momento difícil.
2. Doe seu tempo ou recursos para causas que você acredita. Pode ser voluntariar-se em uma organização, fazer doações para instituições de

caridade ou contribuir de outras formas que estejam ao seu alcance.
3. Pratique a escuta ativa e a empatia. Esteja presente quando alguém estiver compartilhando suas experiências ou desafios e mostre genuíno interesse e compaixão.

Ao cultivar a generosidade, você está fortalecendo sua conexão com a energia da abundância. Lembre-se de que a generosidade não se trata apenas de dar, mas também de receber. Esteja aberto para receber e permita que a abundância flua em sua vida de várias maneiras.

Co-criação consciente com a energia da abundância

Na seção anterior, exploramos o despertar da gratidão e da generosidade como parte do processo de manifestação da abundância. Agora, avançaremos para a co-criação consciente, onde entenderemos a importância da ação alinhada com a energia da abundância, aprenderemos a identificar oportunidades e seguiremos a orientação do universo. Além disso, exploraremos uma prática de co-criação consciente utilizando o símbolo "ARCTUR'ANN" como um portal para manifestar a abundância em todas as áreas de nossa vida.

Compreendendo a importância da ação alinhada com a energia da abundância

A co-criação consciente com a energia da abundância envolve não apenas visualizar e sentir a abundância, mas também agir de acordo com essa energia. A ação alinhada com a abundância é aquela que surge de uma mentalidade de confiança e fé no universo, reconhecendo que somos co-criadores de nossa realidade.

Quando agimos a partir da energia da abundância, estamos abertos para receber e aproveitar as oportunidades que o universo nos apresenta. Ao tomar ações alinhadas com a abundância, estamos reforçando nossa intenção e enviando uma mensagem clara ao universo de que estamos prontos para receber mais.

Identificando oportunidades e seguindo a orientação do universo

Para co-criar conscientemente com a energia da abundância, é essencial desenvolver a habilidade de identificar oportunidades e seguir a orientação do universo. O universo está constantemente nos enviando sinais e sincronicidades para nos guiar em direção à abundância, e é importante estarmos atentos a esses sinais.

Ao cultivar a atenção plena e a conexão com nossa intuição, podemos começar a perceber os padrões e os sinais que o universo nos envia. Esses sinais podem vir de várias formas, como coincidências, encontros fortuitos, ideias inspiradoras ou sentimentos de "estar no fluxo". Ao reconhecer e seguir essas orientações, nos alinhamos com o caminho da abundância e nos abrimos para experiências e oportunidades transformadoras.

Prática de co-criação consciente com o símbolo "ARCTUR'ANN"

A prática de co-criação consciente com o símbolo "ARCTUR'ANN" é uma poderosa maneira de utilizar essa ferramenta como um portal para manifestar a abundância em todas as áreas de nossa vida. Aqui está um passo a passo para realizar essa prática:

1. Encontre um local tranquilo onde você possa se concentrar e relaxar.
2. Reserve um momento para visualizar o símbolo "ARCTUR'ANN" em sua mente ou em uma imagem física à sua frente. Observe seus detalhes, formas e cores.
3. Sinta a energia do símbolo, permitindo que ela se expanda dentro de você. Sinta-se conectado com a energia da abundância e da co-criação consciente.
4. Enquanto mantém a visualização do símbolo, defina uma intenção clara e específica relacionada à manifestação da abundância em sua vida. Pode ser em áreas como finanças, relacionamentos, saúde ou qualquer outra área importante para você.

5. Agora, imagine-se agindo alinhado com essa intenção. Visualize-se tomando as ações necessárias para manifestar a abundância desejada. Sinta a confiança e a certeza de que o universo está apoiando suas ações.
6. Mantenha essa visualização por alguns minutos, permitindo que a energia da abundância flua em seu ser.
7. Quando sentir que a prática está completa, agradeça ao símbolo "ARCTUR'ANN" e ao universo pela abundância que está se manifestando em sua vida.

Essa prática de co-criação consciente com o símbolo "ARCTUR'ANN" fortalece a conexão com a energia da abundância e cria um campo magnético poderoso para atrair experiências e oportunidades alinhadas com seus desejos.

Ao explorar a importância da ação alinhada com a energia da abundância, identificar oportunidades e seguir a orientação do universo, e praticar a co-criação consciente com o símbolo "ARCTUR'ANN", você estará ampliando sua capacidade de manifestar a abundância em todas as áreas de sua vida.

Lembre-se de que a co-criação consciente requer paciência, confiança e alinhamento contínuo com a energia da abundância.

Ao longo deste capítulo, exploramos a energia da abundância e como podemos nos alinhar com ela utilizando o símbolo "ARCTUR'ANN". A abundância não se limita apenas à prosperidade material, mas também inclui saúde, relacionamentos harmoniosos, alegria e realizações espirituais.

Ao expandirmos nossa consciência para a energia da abundância e praticarmos os exercícios sugeridos, estaremos criando um estado de receptividade e abertura para que as bênçãos fluam em nossa vida.

Lembre-se de que você é merecedor(a) de toda a abundância que o universo tem a oferecer.

Agora, vamos reservar um momento para refletir sobre as palavras e ideias compartilhadas neste capítulo. Ao final, você terá a oportunidade de receber o mantra associado a este tema para aprofundar ainda mais sua conexão com a energia da abundância.

Capítulo 07
Transmutação

Transmuta Energias Densas em Energias mais Leves, Facilitando a Liberação de Traumas, Medos e Padrões Limitantes

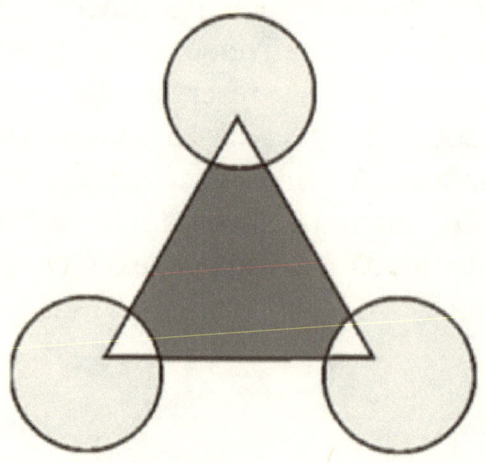

OM'MAHN TERASH

Esse símbolo é ligado às energias do Raio Violeta, Mestres superiores de proteção e Saint Germain, Kwan Yin, Khutuni e raio dourado da sabedoria e iluminação. Ele trabalha a limpeza, purificação e cura de traumas existentes nos campos psicológicos, mentais e emocionais. Ele também transmuta traumas sexuais e relacionamentos mal resolvidos e energias negativas em positivas.

Vamos iniciar o capítulo trabalhando a liberação de padrões limitantes, utilizando o símbolo da transmutação OM'MAHN TERASH para transmutar crenças e padrões negativos que impedem o crescimento pessoal.

No caminho do crescimento pessoal e espiritual, muitas vezes nos deparamos com padrões limitantes que nos impedem de avançar e alcançar todo o nosso potencial. Esses padrões podem ser enraizados em crenças negativas, medos, traumas passados ou influências externas. No entanto, podemos utilizar o poderoso símbolo da Transmutação OM'MAHN TERASH, da geometria sagrada arcturiana, como uma ferramenta para transmutar esses padrões e liberar a energia bloqueada.

O símbolo OM'MAHN TERASH é composto por formas geométricas e linhas interconectadas, representando a transmutação e a transformação de energias densas em energias mais leves e elevadas. Ele atua como um portal de cura e renovação, permitindo que a energia estagnada e limitante seja liberada e substituída por uma vibração mais elevada. Ao sintonizar-se com esse símbolo, podemos acessar seu potencial de cura e transformação.

Para utilizar o símbolo da Transmutação OM'MAHN TERASH na liberação de padrões limitantes, é importante criar um espaço tranquilo e propício para a prática. Sente-se confortavelmente, respire profundamente e permita-se relaxar. Feche os olhos e visualize o símbolo brilhando intensamente em sua mente, conectando-se com sua energia e intenção de transmutação.

Depois, traga à consciência um padrão limitante específico que deseja liberar. Pode ser uma crença autolimitante, um medo persistente ou um padrão de pensamento negativo. Basta reconhecer a presença desse padrão em sua vida e estar aberto e disposto a liberá-lo.

Com o símbolo da Transmutação OM'MAHN TERASH em sua mente, visualize-o envolvendo suavemente o padrão limitante. Observe como a energia densa e negativa do padrão começa a se dissolver e se transformar em uma luz brilhante e radiante. Sinta a liberação e a transformação ocorrendo em seu ser.

Enquanto visualiza essa transmutação, recite uma afirmação poderosa que esteja alinhada com a energia de liberação e transformação. Por exemplo: *"Eu libero e transmuto todos os padrões limitantes em minha vida. Sou livre para crescer e me expressar plenamente."*

Permita-se permanecer nesse estado de visualização e afirmação pelo tempo que sentir necessário. À medida que o padrão limitante é transmutado, sinta-se preenchido com uma nova energia e uma sensação de liberdade e expansão. Agradeça ao símbolo da Transmutação OM'MAHN TERASH pela sua assistência nesse processo de liberação.

Ao longo dos próximos dias e semanas, continue se conectando com o símbolo da Transmutação OM'MAHN TERASH regularmente. Utilize-o como um lembrete visual e energético de sua intenção de liberar padrões limitantes. À medida que você pratica essa visualização e afirmação, estará gradualmente liberando camadas mais profundas de padrões negativos e abrindo espaço para um crescimento pessoal mais pleno e empoderado.

Lembre-se de que o processo de liberação de padrões limitantes pode ser gradual e requer paciência e autocompaixão. Se surgirem emoções ou memórias intensas durante a prática, permita-se senti-las e liberá-las com gentileza. Esteja aberto para receber insights e inspirações que possam surgir à medida que você trabalha com o símbolo da Transmutação OM'MAHN TERASH.

Com dedicação e prática contínua, você estará no caminho para uma vida mais plena e livre de padrões limitantes. O poder do símbolo da Transmutação OM'MAHN TERASH estará ao seu alcance, auxiliando-o em sua jornada de autotransformação e crescimento pessoal.

Trabalhando com o símbolo da Transmutação OM'MAHN TERASH para liberar e transmutar traumas emocionais e energéticos do passado

Ao longo de nossas vidas, podemos experienciar eventos traumáticos que deixam uma marca profunda em nosso ser. Esses traumas podem nos afetar emocional, mental e energeticamente, limitando nossa capacidade de viver plenamente no presente. No entanto, com o auxílio do símbolo da Transmutação OM'MAHN TERASH, podemos embarcar em um processo de cura e transformação, liberando a energia densa dos traumas passados e permitindo a renovação do nosso ser.

O símbolo da Transmutação OM'MAHN TERASH, com sua geometria sagrada e energia de transmutação, possui o potencial de liberar e transmutar traumas emocionais e energéticos. Ele atua como um portal de cura, permitindo que a energia estagnada do trauma seja transformada em energia vital e positiva. Ao nos conectarmos com esse símbolo, abrimos caminho para a cura profunda e a libertação dos grilhões do passado.

Para iniciar o processo de transformação de traumas passados com o símbolo da Transmutação OM'MAHN TERASH, encontre um espaço tranquilo onde você possa se sentar confortavelmente. Respire profundamente, relaxando o corpo e a mente. Feche os olhos e visualize o símbolo brilhando em sua mente, emanando uma luz suave e poderosa.

Permita que sua mente volte a um momento de trauma passado que você deseja curar. Pode ser um evento específico ou uma situação geral que tenha deixado uma marca em sua vida. Traga à sua consciência os sentimentos, as emoções e as sensações físicas associadas a esse trauma.

Com o símbolo da Transmutação OM'MAHN TERASH em sua mente, visualize-o envolvendo suavemente o trauma. Observe como a energia densa e negativa do trauma começa a se dissolver, sendo transmutada em uma luz brilhante e pura. Sinta a cura e a transformação ocorrendo dentro de você.

Enquanto você visualiza essa transformação, recite a afirmação de cura e liberação: *"Eu libero e transmuto todos os traumas passados. Sou livre para viver no presente e criar uma realidade positiva."*

Permaneça nesse estado de visualização e afirmação pelo tempo que sentir necessário. Permita-se sentir a cura e a libertação se expandindo em seu ser. À medida que o trauma é transmutado, você pode sentir uma sensação de alívio, leveza e renovação.

Após a prática, reserve um momento para se conectar com a gratidão. Agradeça ao símbolo da Transmutação OM'MAHN TERASH por sua assistência no processo de cura e transformação. Agradeça a si mesmo por ter a coragem de enfrentar e liberar os traumas passados.

Ao longo dos dias seguintes, continue se conectando com o símbolo da Transmutação OM'MAHN TERASH regularmente. Utilize-o como um lembrete visual e energético de sua jornada de cura e renovação. À medida que você trabalha com esse símbolo sagrado, permita que a energia de transmutação permeie todas as áreas de sua vida, trazendo cura, equilíbrio e um novo começo.

Transmutação de energias densas
Aplicando o símbolo para transformar e elevar a vibração de energias densas, promovendo o equilíbrio e a harmonia

A transmutação de energias densas é um processo poderoso e transformador que nos permite elevar a nossa vibração e promover o equilíbrio e a harmonia em nossa vida. Nesse contexto, o símbolo da Transmutação, OM'MAHN TERASH, desempenha um papel fundamental. Ele possui uma energia de purificação e transmutação, capaz de converter energias negativas em positivas, promovendo a cura e o bem-estar.

Para aplicar o símbolo da Transmutação em si mesmo ou em terceiros, é importante seguir alguns passos simples, mas significativos. Vamos explorar algumas práticas e técnicas que podem ser utilizadas nesse processo:

Antes de iniciar o trabalho de transmutação, é essencial criar um ambiente tranquilo e sagrado. Reserve um momento para acalmar a mente, respirar profundamente e se conectar com a sua intenção de transmutar as energias densas.

Segure o símbolo da Transmutação, OM'MAHN TERASH, em suas mãos e sinta a sua energia. Visualize-o brilhando com uma luz intensa e pulsante. Permita-se sintonizar com a vibração elevada do símbolo, conectando-se com a sua essência de transmutação e purificação.

Observe quaisquer energias densas que estejam presentes em sua vida ou na vida da pessoa que você está ajudando. Essas energias podem se manifestar como sentimentos negativos, pensamentos limitantes, padrões de comportamento destrutivos, entre outros. Tome consciência delas e esteja aberto para reconhecê-las sem julgamento.

Com o símbolo em mãos, defina claramente a sua intenção de transmutar as energias densas em energias mais leves e harmoniosas. Visualize o símbolo emitindo uma luz brilhante e envolvendo as energias densas, transformando-as em uma luz dourada de cura e purificação. Veja essa luz se expandindo e preenchendo todo o seu ser ou o ser da pessoa que está sendo ajudada.

Faça uma invocação ou afirmação, solicitando a assistência dos seres de luz, dos guias espirituais ou de qualquer divindade em que você acredite. Peça por orientação e apoio durante o processo de transmutação. Use palavras positivas e poderosas para afirmar a transformação das energias densas em energias mais elevadas.

Após a visualização e a afirmação, permita-se sentir a energia transmutada se integrando em seu ser ou no ser da pessoa que você está ajudando. Sinta a harmonia, a paz e a cura que surgem dessa transformação. Permaneça nesse estado pelo tempo que for necessário, permitindo que a energia transmutada se estabilize.

Termine o processo de transmutação com gratidão, expressando seu agradecimento ao símbolo, aos seres de luz e a si mesmo por participar desse processo de cura e elevação. Sinta o amor e a gratidão preenchendo o seu coração, irradiando para o universo.

É importante ressaltar que a transmutação de energias densas é um trabalho contínuo e que pode exigir prática e perseverança. Ao se dedicar a esse processo, você estará criando uma poderosa ferramenta de transformação em sua vida e na vida daqueles ao seu redor.

Lembre-se de que cada pessoa é única e pode adaptar essas práticas de acordo com sua intuição e preferência pessoal. O importante é cultivar a conexão com o símbolo da Transmutação, permitir-se ser um canal de cura e estar aberto para receber os benefícios dessa energia transformadora.

Que a transmutação das energias densas em sua vida e no mundo ao seu redor seja um caminho de crescimento, cura e amor incondicional. Espero que essas orientações e práticas possam auxiliá-lo na aplicação do símbolo da Transmutação em sua jornada de elevação e harmonia. Que essa ferramenta sagrada seja uma fonte constante de cura e transformação em sua vida.

Expansão da consciência de cura
Integrando a energia de transmutação em práticas de cura, ampliando os resultados e possibilitando uma transformação profunda

A expansão da consciência de cura é um processo que nos permite ir além dos limites da cura convencional, incorporando a energia de transmutação para obter resultados mais profundos e transformadores. Ao integrar a energia de transmutação em práticas de cura, ampliamos os efeitos positivos e abrimos caminho para uma cura holística e abrangente em todos os níveis do ser.

Neste tema, vamos preparar você para expandir a consciência de cura ao integrar a energia de transmutação em suas práticas. Ao fazê-lo, você estará permitindo uma transformação profunda não apenas em si mesmo, mas também naqueles que você busca ajudar.

Antes de iniciar qualquer prática de cura, é fundamental criar um ambiente calmo e sagrado. Reserve um momento para se conectar com sua intenção de expansão da consciência de cura e estabeleça um espaço sagrado onde você se sinta confortável e tranquilo.

Sintonize-se com o símbolo da Transmutação, OM'MAHN TERASH, segurando-o em suas mãos e permitindo-se sentir sua energia pulsante. Visualize-o irradiando uma luz dourada e vibrante, preenchendo todo o seu ser com sua energia de transmutação e cura.

Estabeleça uma intenção clara e poderosa de expandir sua consciência de cura e permitir que a energia de transmutação guie e amplie suas práticas. Afirme com convicção que você está aberto para receber e integrar essa energia em seu trabalho de cura.

Agora, vamos explorar algumas práticas de cura em que você pode integrar a energia de transmutação

a) **Meditação de cura:**

Inicie uma meditação, permitindo que a energia de transmutação flua através de você. Visualize-se envolto em um campo de energia dourada, emanando luz e amor. À medida que você se conecta com essa energia, direcione-a para qualquer área do seu corpo ou da pessoa que você está ajudando que precise de cura. Observe a transmutação acontecendo, dissolvendo bloqueios, aliviando dores e restaurando o equilíbrio.

b) **Cura energética com as mãos:**

Se você trabalha com cura energética, como Reiki ou outras modalidades, incorpore o símbolo da Transmutação em suas práticas. Desenhe o símbolo em suas mãos antes de iniciar a sessão e permita que ele guie e amplie a energia de cura que você canaliza. Visualize a energia de transmutação dissolvendo bloqueios e transformando qualquer energia densa em luz e amor.

c) **Cura à distância:**

Se você realiza cura à distância, pode usar o símbolo da Transmutação para fortalecer e ampliar sua intenção de cura. Conecte-se com a pessoa que está recebendo a cura e visualize-a envolta em uma luz dourada de transmutação. Direcione essa energia para onde for necessário, permitindo que a transmutação aconteça em todos os níveis do ser.

d) **Práticas de autocura:**

Você também pode aplicar a energia de transmutação em suas práticas de autocura. Reserve um momento para se conectar com o símbolo da Transmutação e direcione-o para qualquer aspecto de sua vida que você deseja transformar ou curar. Visualize a energia de transmutação dissolvendo padrões limitantes, liberando traumas passados e trazendo equilíbrio e harmonia para sua vida.

Intuição e orientação:
Ao integrar a energia de transmutação em suas práticas de cura, é essencial estar atento à sua intuição e à orientação que você recebe. Esteja aberto para receber mensagens, insights e orientações que possam direcionar seu trabalho de cura. Confie na sabedoria do símbolo da Transmutação e permita que ele guie suas ações.

Gratidão e encerramento:
Após a conclusão de suas práticas de cura, reserve um momento para expressar gratidão pela energia de transmutação, pelo símbolo da Transmutação e por qualquer guia espiritual ou ser de luz que esteve presente durante o processo. Agradeça pela cura e transformação que ocorreu e encerre o momento de expansão da consciência de cura com amor e gratidão.

Ao integrar a energia de transmutação em suas práticas de cura, você está abrindo portas para uma cura mais profunda e transformadora. Lembre-se de que essa é uma jornada contínua e que você pode explorar e aprimorar suas práticas ao longo do tempo.

Que a energia de transmutação o guie em sua expansão da consciência de cura, trazendo bênçãos e transformações para você e para aqueles que você ajuda. Espero que estas orientações possam auxiliá-lo na aplicação do símbolo da Transmutação em suas práticas de cura. Que a energia de transmutação seja uma poderosa aliada em sua jornada de expansão e transformação.

Capítulo 08
Expansão

Expande a Consciência, Abrindo-a Para Novas Possibilidades e Percepções

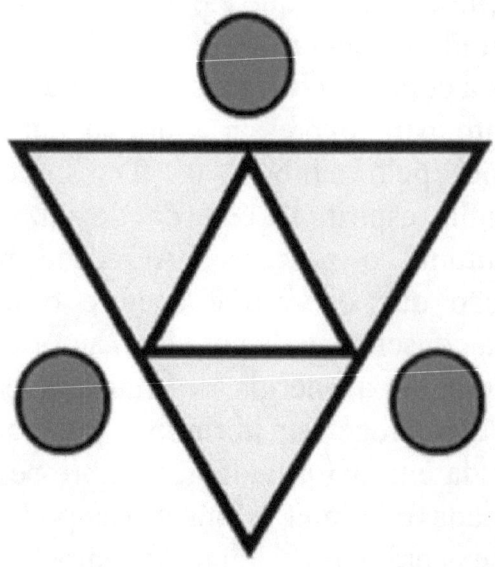

ARCTURY'ANN

Segundo os Códigos Arcturianos, esse símbolo é uma frequência de desenvolvimento que ajuda a reparar as suas ações ao receber de volta a energia que você enviou. Ele também abre um canal de conexão com a Equipe de Guias Arcturianos e trabalha a cura em níveis mentais e emocionais, trazendo as energias e bênçãos de cura.

Abertura para novas possibilidades

Utilizando o símbolo para expandir os horizontes mentais e abrir-se para um maior potencial de vida Iremos explorar agora a maneira como o símbolo da Expansão (ARCTURY'ANN) pode ser utilizado para abrir a mente do indivíduo e permitir que ele se conecte com novas possibilidades e um maior potencial de vida. Esse símbolo é uma poderosa ferramenta da geometria sagrada arcturiana, que atua como um ativador da consciência e da expansão espiritual.

A expansão da consciência envolve a capacidade de ir além das limitações e crenças condicionadas, abrindo-se para um novo campo de possibilidades. É um convite para explorar horizontes mais amplos, ampliar a compreensão e despertar para novas formas de ser e viver.

Ao trabalhar com o símbolo da Expansão, é importante estar em um estado receptivo e aberto. Você pode começar se familiarizando com o símbolo, observando sua forma e permitindo que sua energia ressoe com você. Feche os olhos e visualize o símbolo em sua mente, permitindo que sua presença se expanda em seu campo de consciência.

Para utilizar o símbolo da Expansão, siga os passos abaixo:

- Encontre um lugar tranquilo onde você possa se sentar confortavelmente. Reserve alguns momentos para acalmar sua mente e relaxar seu corpo. Respire profundamente, inspirando pelo nariz e expirando pela boca, liberando qualquer tensão ou preocupação.

- Feche os olhos e traga à mente a imagem do símbolo da Expansão (ARCTURY'ANN). Visualize-o com clareza, observando suas formas, linhas e cores. Permita-se mergulhar na energia do símbolo, sentindo sua presença e poder expansivo.
- Faça uma afirmação ou declaração de intenção, como por exemplo: *"Estou aberto(a) para novas possibilidades em minha vida. Estou disposto(a) a expandir minha consciência e explorar meu maior potencial."*
- Mantendo a imagem do símbolo em sua mente, permita-se entrar em um estado meditativo. Concentre-se na sensação de expansão e abertura que o símbolo representa. Deixe que essa energia flua através de você, preenchendo todo o seu ser.

Enquanto estiver conectado(a) com a energia do símbolo, comece a explorar mentalmente as possibilidades que se abrem diante de você. Permita que sua mente se expanda para além dos limites convencionais, explorando novas ideias, caminhos e perspectivas. Esteja aberto(a) para receber insights e inspirações.

Após a meditação, reserve um tempo para escrever suas percepções, insights e ideias que surgiram durante a prática. Reflita sobre as novas possibilidades que se revelaram a você e como você pode incorporá-las em sua vida diária.

Lembre-se de que a expansão da consciência é um processo contínuo e gradual. À medida que você trabalha com o símbolo da Expansão regularmente, você fortalece essa conexão e aprofunda sua capacidade de se abrir para novas possibilidades.

Ao utilizar esse símbolo em si mesmo, você se torna um canal de expansão para os outros. Compartilhe a energia da expansão com aqueles ao seu redor, irradiando essa consciência expandida para a coletividade.

Continue praticando regularmente, permitindo que a energia da Expansão se integre cada vez mais em sua vida. Esteja aberto(a) para receber os presentes que essa conexão com novas possibilidades pode trazer, expandindo sua visão de mundo e transformando sua realidade de maneiras surpreendentes.

Lembre-se de que você é um ser ilimitado, capaz de criar e viver uma vida abundante em todos os aspectos. Permita-se expandir, abraçar novas possibilidades e viver de acordo com seu maior potencial. Através do símbolo da Expansão, você pode abrir portas para um futuro brilhante e repleto de possibilidades extraordinárias.

Explorando dimensões superiores

Expandindo a consciência para além do plano físico e explorando outras dimensões de existência Vamos explorar a maneira como o símbolo da Expansão (ARCTURY'ANN) pode ser utilizado para expandir a consciência além do plano físico, permitindo que o indivíduo explore outras dimensões de existência. Esse símbolo é uma poderosa ferramenta da geometria sagrada arcturiana, que atua como um portal para a expansão da consciência e a conexão com realidades sutis.

A exploração de dimensões superiores é um convite para além do que é perceptível aos nossos sentidos físicos. É uma jornada de descoberta interna que nos permite acessar e compreender diferentes aspectos do universo e de nós mesmos. Ao expandir nossa consciência, abrimos a porta para a conexão com seres de luz, guias espirituais e outras formas de inteligência cósmica.

Utilizando o símbolo da Expansão e explorando dimensões superiores

- Encontre um lugar tranquilo onde você possa se sentar confortavelmente. Reserve alguns momentos para acalmar sua mente e relaxar seu corpo. Faça algumas respirações profundas, permitindo que a energia vital flua livremente em seu ser.
- Feche os olhos e traga à mente a imagem do símbolo da Expansão (ARCTURY'ANN). Visualize-o com clareza, observando seus detalhes e formas. Permita-se entrar em sintonia com a energia do símbolo, sentindo sua presença e seu poder de abrir portais para outras dimensões.
- Faça uma afirmação ou declaração de intenção, como por exemplo: *"Estou disposto(a) a expandir minha consciência além do plano físico e explorar outras dimensões*

de existência. Estou aberto(a) para receber insights e conhecimentos das realidades sutis."
- Mantendo a imagem do símbolo da Expansão em sua mente, permita-se entrar em um estado meditativo. Sinta-se envolvido pela energia do símbolo, permitindo que ela o envolva completamente. Deixe sua consciência expandir além dos limites do corpo físico, abrindo-se para a vastidão do universo.

Enquanto estiver conectado(a) com a energia do símbolo, direcione sua atenção para a abertura de portais para dimensões superiores. Sinta-se envolvido(a) por uma luz brilhante e amorosa, permitindo que ela o(a) guie em sua jornada de exploração. Esteja aberto(a) para receber informações, insights, mensagens ou imagens que possam surgir.

Após a meditação, reserve um tempo para escrever suas experiências, percepções e insights que surgiram durante a prática. Reflita sobre o que você descobriu ou recebeu das dimensões superiores. Essas informações podem ser valiosas para sua jornada pessoal de expansão da consciência.

Ao praticar a exploração de dimensões superiores com o símbolo da Expansão, lembre-se de que cada experiência é única e pessoal. Não se preocupe em comparar suas experiências com as de outros, pois cada um tem seu próprio caminho e ritmo de crescimento espiritual.

Além de aplicar essa técnica em si mesmo, você também pode compartilhá-la com outras pessoas. Oriente-as a seguir os mesmos passos descritos acima, adaptando-os às suas preferências individuais. Lembre-se de enfatizar a importância da intenção, da conexão com o símbolo e da abertura para receber as mensagens das dimensões superiores.

Ao explorar dimensões superiores, lembre-se de manter uma postura de respeito, humildade e discernimento. Esteja ciente de que nem todas as informações ou energias encontradas nas dimensões superiores podem ser adequadas ou benéficas para você. Confie em sua intuição e siga seu próprio discernimento para filtrar as experiências que surgirem.

Com prática e dedicação, a exploração de dimensões superiores com o símbolo da Expansão pode se tornar uma parte significativa de sua jornada espiritual. Esteja aberto(a) para descobrir novos aspectos de si mesmo e do universo, expandindo sua consciência para além do plano físico e conectando-se com a vastidão do cosmos.

Conexão com seres de luz

Estabelecendo uma conexão com seres de luz e seres estelares para expandir a compreensão cósmica Vamos agora explorar a forma como o símbolo da Expansão (ARCTURY'ANN) pode ser utilizado para estabelecer uma conexão com seres de luz e seres estelares, permitindo que você expanda sua compreensão cósmica e receba orientações e insights de consciências superiores.

Os seres de luz são entidades espirituais e energéticas que residem em planos vibracionais elevados. Eles estão disponíveis para nos apoiar, guiar e ajudar em nossa jornada espiritual e evolutiva. Ao nos conectarmos com essas entidades, abrimos um canal de comunicação para receber informações valiosas, despertar a consciência e expandir nossa compreensão do universo.

Utilizando o símbolo da Expansão e estabelecendo a conexão com seres de luz

- Encontre um lugar tranquilo onde você possa se sentir confortável e livre de distrações. Reserve alguns momentos para acalmar sua mente e relaxar seu corpo. Faça algumas respirações profundas, permitindo que a energia flua em seu ser.
- Feche os olhos e traga à mente a imagem do símbolo da Expansão (ARCTURY'ANN). Visualize-o com clareza, observando seus detalhes e formas. Permita que a energia do símbolo envolva todo o seu ser, criando um campo de conexão com seres de luz.
- Faça uma afirmação de intenção, como por exemplo:
"Estou aberto(a) e receptivo(a) para estabelecer uma conexão com seres de luz e seres estelares. Estou disposto(a) a receber orientações, insights e conhecimentos que possam me auxiliar em minha jornada de expansão e crescimento espiritual."

- Mantendo a imagem do símbolo da Expansão em sua mente, entre em um estado meditativo. Sinta-se envolvido(a) pela energia do símbolo, permitindo que ela o(a) eleve e expanda sua consciência. Esteja aberto(a) para receber a presença e a comunicação dos seres de luz.

Enquanto estiver conectado(a) com a energia do símbolo, abra-se para a presença dos seres de luz. Sinta-se envolvido(a) por uma luz brilhante e amorosa, permitindo que ela o(a) guie em sua jornada de conexão. Esteja aberto(a) para receber mensagens, insights ou orientações que possam ser transmitidos.

Converse mentalmente com os seres de luz, faça perguntas ou peça orientações específicas relacionadas à sua jornada espiritual. Esteja receptivo(a) para receber respostas de diferentes formas, como palavras, imagens, sensações ou intuições. Confie em sua intuição ao interpretar as informações recebidas.

Após o diálogo com os seres de luz, agradeça a presença deles e a informação recebida. Sinta gratidão por essa conexão especial e pelo apoio que você recebeu. Gradualmente, retorne ao seu estado de consciência normal, trazendo consigo as percepções e insights adquiridos.

Lembre-se de que a conexão com seres de luz é uma prática pessoal e individual. Cada pessoa pode ter experiências diferentes e únicas nesse processo. Confie em si mesmo(a) e em sua capacidade de estabelecer essa conexão e receber as mensagens que são mais relevantes para o seu crescimento espiritual.

Além de praticar a conexão com seres de luz em si mesmo(a), você também pode orientar outras pessoas a seguir esses passos, adaptando-os às suas preferências e crenças individuais. Incentive-as a se abrirem para essa possibilidade e a confiarem em sua própria intuição durante o processo.

Expansão da consciência coletiva

Contribuindo para a expansão da consciência humana e a evolução coletiva por meio do próprio crescimento

Vamos trabalhar como o símbolo da Expansão (ARCTURY'ANN) pode ser utilizado para expandir a consciência coletiva, contribuindo para o crescimento espiritual e a evolução da humanidade como um todo. Ao integrar essa energia em nossas práticas diárias e por meio de nosso próprio crescimento pessoal, podemos impactar positivamente o mundo ao nosso redor.

A expansão da consciência coletiva refere-se ao despertar e à elevação da consciência em níveis mais amplos, envolvendo a humanidade como um todo. É um processo que envolve a busca por uma compreensão mais profunda de quem somos como seres espirituais e a conexão com o tecido mais amplo da existência. Ao expandir nossa própria consciência, contribuímos para a expansão da consciência coletiva.

Aqui estão algumas práticas e abordagens que você pode adotar para contribuir para a expansão da consciência coletiva.

Autodesenvolvimento e crescimento pessoal

O primeiro passo para contribuir para a expansão da consciência coletiva é investir em seu próprio crescimento pessoal. Isso envolve a busca contínua por conhecimento espiritual, o desenvolvimento de habilidades emocionais e a prática de autotransformação. Ao se expandir e elevar sua própria consciência, você se torna um farol de luz para os outros e inspira aqueles ao seu redor a fazer o mesmo.

Compartilhamento de sabedoria e conhecimento

Ao longo de sua jornada de crescimento espiritual, você adquirirá sabedoria e conhecimento valiosos. Compartilhe esses insights com os outros, seja por meio de conversas, ensinamentos, escrita ou qualquer outra forma que ressoe com você. O compartilhamento de sabedoria contribui para a disseminação de informações e a expansão do entendimento coletivo.

Práticas de meditação em grupo

Participar de práticas de meditação em grupo é uma maneira poderosa de elevar a vibração coletiva e expandir a consciência em níveis mais amplos. Ao meditar em grupo, você se conecta energeticamente com outros indivíduos que também estão buscando expansão e crescimento espiritual. Essa sincronização de intenções e energias cria um campo de consciência coletiva que beneficia a todos os participantes e além.

Serviço à comunidade e ao mundo

Contribuir para o bem-estar da comunidade e do mundo ao seu redor é uma maneira significativa de expandir a consciência coletiva. Encontre maneiras de servir os outros, seja através de trabalho voluntário, projetos sociais ou iniciativas de apoio. Ao dedicar seu tempo e energia para ajudar os outros, você cria um impacto positivo e inspira os demais a fazerem o mesmo.

Práticas de visualização e intenção

Utilize o símbolo da Expansão em práticas de visualização e intenção voltadas para a expansão da consciência coletiva. Visualize um mundo em que a humanidade esteja desperta, conectada e consciente de sua interconexão com o universo. Estabeleça intenções poderosas de contribuir para a evolução da consciência humana e envie essas intenções ao campo coletivo de energia.

Ao aplicar essas práticas em sua vida diária, você estará contribuindo para a expansão da consciência coletiva de maneiras significativas. Lembre-se de que cada ação e intenção conta, e seu próprio crescimento pessoal é um elemento fundamental nesse processo. À medida que você se expande, inspira os outros a fazerem o mesmo, criando uma onda de despertar espiritual que se espalha por todo o planeta.

A expansão da consciência coletiva é um processo contínuo e evolutivo. À medida que mais e mais indivíduos despertam e se conectam com sua essência espiritual, o potencial de transformação coletiva se torna cada vez mais poderoso. Você faz parte dessa jornada de expansão e contribuição para a evolução da humanidade. Abra-se para as possibilidades, confie em sua capacidade de causar um impacto positivo e permita que a energia da Expansão o guie nessa jornada transformadora.

Continue buscando a expansão de sua própria consciência e inspire os outros a fazerem o mesmo. Juntos, podemos criar uma nova realidade de maior consciência, amor e harmonia para todos os seres. Que sua jornada de expansão e contribuição para a consciência coletiva seja repleta de bênçãos, crescimento e gratidão.

Capítulo 09
Sabedoria

Estimula a Intuição e a Sabedoria Interior Ajudando a Encontrar as Respostas

ARCTURY'ANN

Dentro da geometria sagrada arcturiana, o símbolo da Sabedoria é representado pelo "ARCTURAN'ANN".
Esse símbolo é utilizado para acessar e integrar a sabedoria universal, despertando um profundo conhecimento interior e uma compreensão mais ampla

da existência. Ele simboliza a conexão com a sabedoria cósmica e a busca pelo conhecimento espiritual mais elevado.

O "ARCTURAN'ANN" é composto por formas geométricas que representam diferentes aspectos da sabedoria. É uma combinação harmônica de linhas, círculos e padrões que criam uma estrutura visualmente equilibrada. Cada elemento geométrico presente nesse símbolo possui um significado único e contribui para a representação da sabedoria em sua totalidade.

A utilização do símbolo da Sabedoria pode trazer inúmeros benefícios para aqueles que desejam expandir seu conhecimento e compreensão do mundo. Aqui estão algumas maneiras de aplicar o símbolo em sua jornada em busca da sabedoria.

Explorando a conexão entre a intuição e a geometria sagrada arcturiana.
Apresentação do símbolo "ARCTURAN'ANN" como um ativador da intuição

A intuição é um aspecto fundamental da experiência humana, muitas vezes negligenciado em favor da lógica e do pensamento racional. No entanto, ao compreender e cultivar nossa intuição, abrimos um mundo de possibilidades e insights profundos.

A intuição pode ser definida como uma forma de conhecimento direto, sem a necessidade de raciocínio lógico ou evidências concretas. Ela surge do âmago de nosso ser, conectando-nos a uma sabedoria interior que transcende a mente consciente. A intuição pode ser percebida como um sentimento, uma voz suave, um insight repentino ou até mesmo uma sensação física.

Ao longo da história, a intuição desempenhou um papel significativo nas decisões e descobertas humanas. Grandes líderes, inventores e artistas creditaram suas realizações à sua capacidade de sintonizar-se com a intuição e confiar em seus insights internos.

A geometria sagrada arcturiana, por sua vez, é uma linguagem simbólica que representa as leis e padrões do universo. Esses símbolos carregam consigo um poder energético que pode ser utilizado para despertar e ampliar nossa consciência. O símbolo "ARCTURAN'ANN" em particular é reconhecido como um ativador da intuição, capaz de abrir as portas para uma conexão mais profunda com nossa sabedoria interior.

Quando nos sintonizamos com o símbolo "ARCTURAN'ANN" e permitimos que ele ressoe em nosso ser, ativamos e fortalecemos nossa capacidade intuitiva. Ele funciona como uma ponte entre nossa mente consciente e nosso Eu Superior, permitindo que a sabedoria cósmica flua através de nós.

Ao acessar a intuição, somos capazes de obter insights e orientação que vão além do conhecimento racional. Ela nos ajuda a tomar decisões alinhadas com nosso propósito de vida, a reconhecer oportunidades e a evitar situações prejudiciais. A intuição também nos permite compreender a nós mesmos e aos outros em um nível mais profundo, desenvolvendo empatia e compaixão.

Cultivando a intuição e superando bloqueios

Cultivar a intuição requer prática e confiança. À medida que exploramos a geometria sagrada arcturiana e nos conectamos com o símbolo "ARCTURAN'ANN", podemos abrir espaço para o crescimento e a expansão de nossa intuição. Devemos estar dispostos a ouvir e seguir nossos insights intuitivos, mesmo quando eles parecem desafiar a lógica convencional.

Ao embarcarmos em nossa jornada de desenvolvimento intuitivo, é importante reconhecer que existem bloqueios que podem limitar nosso acesso à intuição. Esses bloqueios podem se manifestar de diferentes maneiras e podem estar enraizados em nossas crenças, experiências passadas e medos. Identificar e abordar esses bloqueios é fundamental para desbloquear o canal intuitivo e permitir que a sabedoria interior flua livremente.

Um dos bloqueios mais comuns é o medo. O medo pode surgir de experiências passadas negativas, do receio de cometer erros ou do medo do desconhecido. Esse medo pode criar uma barreira entre nós e nossa intuição, impedindo-nos de confiar e seguir os insights que recebemos. É importante reconhecer e trabalhar ativamente para superar esses medos, permitindo-nos abrir espaço para a intuição.

Outro bloqueio comum é o condicionamento social. Desde tenra idade, somos ensinados a valorizar o pensamento lógico e racional em detrimento da intuição. A sociedade muitas vezes desvaloriza ou descredita a intuição, considerando-a como algo irracional ou sem base científica. Esse condicionamento pode nos levar a ignorar ou suprimir nossa intuição, dificultando o seu acesso. Desafiar essas crenças sociais e reconhecer a importância da intuição como uma fonte válida de sabedoria é fundamental para desbloquear o canal intuitivo.

Além disso, crenças limitantes podem atuar como bloqueios à intuição. Essas crenças podem incluir a ideia de que somos incapazes de tomar decisões acertadas por conta própria ou de que a intuição é algo reservado apenas para pessoas especiais. Essas crenças limitantes nos impedem de reconhecer e confiar em nossa própria sabedoria interior. Ao desafiar e substituir essas crenças limitantes por crenças fortalecedoras, podemos abrir espaço para o florescimento da intuição.

Técnicas para desbloquear o canal intuitivo

Para desbloquear o canal intuitivo, existem várias técnicas e práticas que podem ser exploradas.

Uma delas é a meditação. Através da meditação, podemos acalmar a mente racional e criar espaço para a intuição se manifestar. Ao praticar a meditação regularmente, podemos fortalecer nossa conexão com a sabedoria interior.

Outra técnica eficaz é a prática da escrita intuitiva ou journaling. Esse processo envolve escrever livremente, sem filtros ou julgamentos, permitindo que a intuição flua por meio das palavras. Escrever nossos pensamentos, sentimentos e insights intuitivos pode ajudar a trazer clareza e aprofundar nossa conexão com a intuição.

Além disso, a prática de estar presente e cultivar a consciência plena também é benéfica para desbloquear a intuição. Ao nos sintonizarmos com o momento presente e prestarmos atenção plena às sensações do corpo, pensamentos e emoções, podemos nos conectar mais profundamente com nossa intuição e ouvir sua orientação.

Utilizando o símbolo "ARCTURAN'ANN" como ferramenta intuitiva

Ao utilizar o símbolo "ARCTURAN'ANN" como um ativador da intuição, podemos incorporá-lo em nossas práticas e exercícios. Meditar com o símbolo presente, visualizá-lo em nossa mente ou desenhar o símbolo pode ajudar a abrir e fortalecer o canal intuitivo. É importante lembrar que o símbolo não é uma solução mágica, mas sim uma ferramenta que nos lembra de nossa conexão com a sabedoria interior e nos auxilia no despertar da intuição.

Ao desbloquear o canal intuitivo e superar os bloqueios, estamos nos abrindo para um mundo de possibilidades e percepções profundas. A intuição se torna uma bússola confiável em nossa jornada, guiando-nos em direção às escolhas e decisões que são verdadeiras para nós.

A arte de sintonizar-se com a intuição é um processo de mergulho profundo em nossa essência, permitindo-nos acessar a sabedoria interior que está sempre presente dentro de nós. Neste capítulo, iremos explorar diferentes métodos e técnicas para fortalecer nossa conexão com a intuição, utilizando práticas de meditação, respiração e visualização, e utilizando o símbolo "ARCTURAN'ANN" como um ponto focal durante essas práticas.

Meditação como ferramenta para acessar a intuição

Meditação é uma das ferramentas mais poderosas para sintonizar-se com a intuição. Através da quietude da mente e da consciência plena, podemos abrir espaço para a intuição se manifestar. Ao praticar a meditação regularmente, podemos fortalecer nosso canal intuitivo e nos tornar mais receptivos aos insights e orientações que emergem.

Durante a meditação, podemos visualizar o símbolo "ARCTURAN'ANN" em nossa mente, permitindo que ele atue como um ativador da intuição, nos conectando com a energia dos arcturianos e com nossa sabedoria interior.

A prática da respiração consciente também pode ser uma maneira eficaz de sintonizar-se com a intuição. Ao direcionarmos nossa atenção para a respiração, podemos acalmar a mente e cultivar um estado de presença. Podemos experimentar técnicas de respiração específicas, como a respiração diafragmática ou a respiração profunda, para nos ancorar no momento presente e abrir espaço para a intuição se manifestar. Enquanto respiramos, podemos visualizar o símbolo "ARCTURAN'ANN" em nosso campo de visão interna, permitindo que sua energia nos guie na exploração intuitiva.

A visualização como ferramenta poderosa
A visualização é outra ferramenta poderosa para fortalecer a conexão intuitiva. Ao utilizar a imaginação e a visualização criativa, podemos acessar informações e insights que vão além do alcance da mente racional. Podemos praticar visualizar o símbolo "ARCTURAN'ANN" brilhando com luz intensa e envolvendo-nos em sua energia de sabedoria. Podemos imaginar-nos conectados com a energia dos arcturianos e com nossa própria sabedoria interior, permitindo que as imagens e sensações intuitivas se revelem.

Cultivar receptividade para a intuição
Além dessas práticas, é importante cultivar um espaço de receptividade e abertura para a intuição em nossa vida cotidiana. Isso significa estar presente no momento presente, ouvir a voz interior e confiar nos insights que recebemos. Podemos utilizar o símbolo "ARCTURAN'ANN" como um lembrete constante dessa conexão intuitiva, mantendo-o em nossa mente ou em objetos tangíveis que possamos ver diariamente.

Benefícios de aprofundar a intuição
À medida que nos aprofundamos na arte de sintonizar-se com a intuição, podemos experimentar uma expansão de consciência, uma conexão mais profunda com nossa sabedoria interior e uma orientação mais clara em nossa jornada. A intuição se torna uma aliada valiosa, um farol que nos guia em momentos de incerteza e nos auxilia a tomar decisões alinhadas com nossa verdadeira essência.

Manifestações da intuição

A intuição se manifesta de diferentes maneiras e pode se apresentar como sinais, mensagens ou insights que recebemos em nosso cotidiano. Aprender a interpretar esses sinais é fundamental para aproveitar plenamente a sabedoria interior que a intuição nos proporciona. Neste capítulo, iremos explorar os diferentes aspectos da intuição e fornecer exemplos práticos de como utilizar o símbolo "ARCTURAN'ANN" para decifrar os sinais intuitivos.

Clariaudiência como aspecto da intuição

Um dos aspectos da intuição é a clariaudiência, que é a capacidade de receber mensagens auditivas internas. Isso pode se manifestar como uma voz interna, palavras, frases ou até mesmo músicas que surgem em nossa mente. Ao utilizar o símbolo "ARCTURAN'ANN" como um ponto focal, podemos nos sintonizar com essa clariaudiência e prestar atenção às mensagens que surgem em nossa consciência. Por exemplo, durante uma meditação com o símbolo, podemos ouvir uma palavra ou frase que ressoa profundamente conosco, oferecendo uma orientação intuitiva.

Clarividência e sua prática

Outro aspecto da intuição é a clarividência, que é a capacidade de receber imagens internas. Isso pode se manifestar como visões, símbolos ou cenas que aparecem em nossa mente. Ao utilizar o símbolo "ARCTURAN'ANN" como um ponto focal durante a prática da visualização, podemos fortalecer nossa clarividência e decifrar os sinais intuitivos que se revelam. Por exemplo, podemos visualizar o símbolo brilhando intensamente e, em seguida, observar as imagens que surgem em nossa mente. Essas imagens podem conter mensagens simbólicas ou representar insights importantes para nós.

Clarissenciência e a percepção energética

A clarissenciência é outro aspecto da intuição, que é a capacidade de sentir energeticamente as informações. Isso pode se manifestar como sensações físicas, como arrepios, calor, formigamento ou até mesmo uma sensação de ressonância ou desconforto em determinadas situações. Ao utilizar o símbolo "ARCTURAN'ANN" como um ativador da clarissenciência, podemos estar mais conscientes de como nos sentimos energeticamente em diferentes contextos. Podemos direcionar nossa atenção para o símbolo e observar as sensações físicas e energéticas que surgem em nosso corpo, permitindo que essas sensações nos forneçam pistas e informações intuitivas.

A individualidade na interpretação dos sinais É importante lembrar que a interpretação dos sinais intuitivos é altamente individual e pessoal. O que pode fazer sentido para uma pessoa pode não fazer sentido para outra. Portanto, é essencial desenvolver um relacionamento íntimo com a nossa própria intuição e confiar em nossa capacidade de decifrar os sinais que recebemos.

Fortalecer a conexão com a intuição Ao utilizar o símbolo "ARCTURAN'ANN" como uma âncora para a intuição, podemos fortalecer nossa conexão com a sabedoria interior e receber os sinais intuitivos com mais clareza e discernimento. À medida que praticamos e nos tornamos mais proficientes em interpretar esses sinais, estamos capacitando-nos a tomar decisões mais alinhadas com nossa verdadeira essência e a caminhar em direção ao nosso propósito maior.

A intuição e o Eu Superior

A intuição não é apenas um aspecto da nossa mente ou do nosso ser, mas também está profundamente ligada ao nosso Eu Superior - a parte mais elevada e sábia de nossa consciência. É por meio dessa conexão com o Eu Superior que podemos acessar uma sabedoria mais ampla, uma visão expandida e orientação clara em nossa jornada.

Práticas para se conectar ao Eu Superior

Neste capítulo, exploraremos a relação entre a intuição e o Eu Superior e compartilharemos práticas que nos ajudarão a aprofundar a comunicação com essa parte mais elevada de nós mesmos. Utilizaremos o símbolo "ARCTURAN'ANN" como uma âncora para fortalecer essa conexão e facilitar a comunicação fluida com o Eu Superior.

Primeiramente, é importante reconhecer que o Eu Superior é uma presença amorosa e sábia que está sempre disponível para nos guiar. A intuição é o canal por meio do qual essa orientação é transmitida para nós. Ao estabelecer uma conexão consciente com o Eu Superior, podemos aprofundar nossa percepção intuitiva e receber insights e orientações valiosas.

Meditação como caminho de conexão

Uma prática eficaz para fortalecer essa conexão é a meditação. Ao utilizar o símbolo "ARCTURAN'ANN" como um ponto focal durante a meditação, podemos criar um espaço interno de calma e receptividade, permitindo que a voz do Eu Superior seja ouvida com mais clareza. Durante essa prática, podemos direcionar nossa intenção para estabelecer uma comunicação clara e aberta com o Eu Superior, solicitando insights e orientação para nossas questões e desafios atuais.

Escrita intuitiva e insights

Além da meditação, também podemos utilizar técnicas de escrita intuitiva. Ao ter um caderno ou diário à mão e utilizar o símbolo como um ponto focal, podemos iniciar um diálogo escrito com o Eu Superior. Começamos fazendo uma pergunta ou expressando uma preocupação e, em seguida, deixamos as palavras fluírem livremente, permitindo que as respostas surjam intuitivamente através da escrita. Essa prática nos ajuda a acessar a sabedoria profunda que reside dentro de nós e a receber insights valiosos do Eu Superior.

Quietude e silêncio como prática

Outra forma de aprofundar a comunicação com o Eu Superior é por meio da prática da quietude e do silêncio. Ao reservar momentos regulares em nossa rotina diária para nos conectar com o símbolo "ARCTURAN'ANN" e simplesmente estar presente, quietos e receptivos, criamos um espaço interno que permite ao Eu Superior se fazer ouvir. Nesses momentos de silêncio, podemos sentir uma conexão mais profunda com a nossa intuição e perceber claramente as mensagens e orientações que vêm do Eu Superior.

Integração da intuição na tomada de decisões

À medida que exploramos essas práticas e aprofundamos nossa comunicação com o Eu Superior por meio da intuição, começamos a experimentar uma maior clareza, direção e confiança em nossa jornada. Sentimo-nos apoiados e guiados pelo fluxo da sabedoria divina que reside em nós.

A intuição desempenha um papel vital em nossa capacidade de tomar decisões alinhadas com nossa verdadeira essência e propósito de vida. Ela nos oferece insights valiosos que vão além da lógica e da análise racional, permitindo-nos acessar uma sabedoria mais profunda e uma perspectiva mais ampla. Neste capítulo, vamos explorar a importância da intuição na tomada de decisões e compartilhar estratégias práticas para integrar a intuição em nosso processo de decisão diário.

A primeira etapa para utilizar a intuição na tomada de decisões é cultivar um espaço interno de calma e quietude. O símbolo "ARCTURAN'ANN" pode ser utilizado como uma âncora para nos ajudar a acessar esse estado de tranquilidade. Reserve um momento para se conectar com o símbolo, respirando profundamente e permitindo que sua energia sutil penetre em seu ser. À medida que você se sintoniza com o símbolo, permita que sua mente se acalme e se abra para receber insights intuitivos.

Uma vez que você tenha estabelecido esse estado de presença e receptividade, pode começar a explorar sua pergunta ou situação de decisão. Concentre-se na questão em mãos e observe as sensações e sentimentos que surgem em seu corpo. A intuição muitas vezes se manifesta por meio de sinais sutis, como uma sensação de leveza ou expansão, ou um aperto no estômago quando algo não está em alinhamento. Preste atenção a esses sinais e permita que eles guiem sua tomada de decisão.

Além disso, você pode experimentar a técnica de visualização intuitiva. Feche os olhos e visualize-se em cada uma das opções que está considerando. Observe como você se sente em cada cenário, prestando atenção aos pensamentos, emoções e sensações que surgem. A visualização intuitiva pode oferecer pistas valiosas sobre qual caminho ressoa mais profundamente com sua verdade interior.

Outra estratégia eficaz é a escrita intuitiva. Pegue um papel e uma caneta e comece a escrever livremente sobre sua decisão. Deixe as palavras fluírem sem censura ou julgamento, permitindo que sua intuição se expresse por meio da escrita. Às vezes, insights surpreendentes e reveladores podem surgir dessa prática, fornecendo clareza e direção em relação à melhor escolha a ser feita.

Além disso, é importante lembrar que a intuição muitas vezes se revela por meio de sincronicidades e sinais externos. Esteja atento aos padrões repetitivos, encontros fortuitos ou eventos significativos que possam estar ocorrendo em sua vida. Esses são sinais do universo que podem fornecer orientação e confirmação para suas decisões.

Ao integrar a intuição na tomada de decisões, é fundamental confiar em si mesmo e em seu próprio conhecimento interior. Lembre-se de que a intuição é uma ferramenta valiosa e poderosa que está sempre disponível para você. Quanto mais você a utiliza, mais forte e confiante se torna em suas escolhas.

À medida que concluímos este capítulo, reconhecemos a importância da intuição na tomada de decisões e como o símbolo "ARCTURAN'ANN" pode ser usado como um guia nesse processo. Ao cultivar um espaço interno de calma e receptividade, observar os sinais sutis do corpo, praticar a visualização intuitiva e a escrita livre, e prestar atenção às sincronicidades externas, você estará fortalecendo sua conexão com a sabedoria intuitiva e utilizando-a para tomar decisões alinhadas com sua verdade interior.

A confiança na intuição é essencial para nos permitir acessar plenamente sua sabedoria e orientação. No entanto, muitas vezes nos deparamos com dúvidas e ceticismo em relação à nossa capacidade de receber insights intuitivos. Neste capítulo, exploraremos maneiras de superar essas dúvidas e fortalecer a confiança em nossa intuição, utilizando o símbolo "ARCTURAN'ANN" como um aliado poderoso nesse processo.

Uma das maneiras mais eficazes de cultivar a confiança na intuição é desenvolver um relacionamento contínuo com ela. Reserve um tempo todos os dias para se conectar com sua intuição por meio da prática da meditação. Utilize o símbolo "ARCTURAN'ANN" como um ponto focal durante a meditação, permitindo que sua energia sutil o envolva e o fortaleça. Ao se conectar regularmente com a intuição, você estará fortalecendo essa conexão e construindo uma base sólida de confiança.

Outra técnica poderosa é a de lembrar e revisitar os momentos em que você seguiu sua intuição e obteve resultados positivos. Reflita sobre essas experiências passadas e permita que elas sirvam como evidência de que sua intuição é confiável. Às vezes, podemos esquecer ou ignorar os momentos em que nossa intuição nos guiou de forma precisa. Ao trazê-los à mente conscientemente, reforçamos nossa confiança em nossa sabedoria interior.

Além disso, pratique a escuta ativa de sua intuição no dia a dia. Observe os insights intuitivos que surgem em diferentes situações e confie neles, mesmo que inicialmente pareçam contrários à lógica ou ao pensamento racional. Lembre-se de que a intuição muitas vezes opera em um nível além da compreensão consciente e pode oferecer perspectivas únicas e valiosas. Quanto mais você confiar em sua intuição e permitir que ela guie suas ações, mais ela se fortalecerá.

O símbolo "ARCTURAN'ANN" pode ser usado como um aliado poderoso para fortalecer a confiança na intuição. Visualize o símbolo em sua mente enquanto se sintoniza com sua intuição, permitindo que sua energia permeie todo o seu ser. Use-o como um ponto focal durante suas práticas de meditação e escuta intuitiva. Conforme você trabalha em conjunto com o símbolo, você está fortalecendo sua conexão com a sabedoria arcturiana e reforçando a confiança em sua própria intuição.

Ao praticar essas técnicas regularmente, você irá gradualmente superar a dúvida e o ceticismo em relação à intuição, fortalecendo sua confiança em sua sabedoria interior. Lembre-se de que a intuição é uma habilidade inata que todos possuímos, e quanto mais você confiar nela e utilizá-la, mais ela se desenvolverá e se tornará uma poderosa guia em sua vida.

A intuição não é apenas uma ferramenta reservada para momentos específicos de tomada de decisões importantes. Ela pode ser uma guia constante em todas as áreas de nossa vida diária, desde o trabalho e os relacionamentos até a saúde e o bem-estar. Neste capítulo, exploraremos maneiras de integrar a intuição em todas essas áreas, utilizando o símbolo

"ARCTURAN'ANN" como um lembrete constante de sua importância.

No trabalho, a intuição pode ser uma aliada valiosa. Ao enfrentar desafios, dilemas ou oportunidades, reserve um momento para se sintonizar com sua intuição. Observe os sinais e insights que surgem, e permita que eles o guiem em suas decisões e ações. Utilize o símbolo "ARCTURAN'ANN" como um lembrete constante de que a intuição é uma parte essencial de seu processo de trabalho.

Nos relacionamentos, a intuição pode ajudá-lo a discernir as energias e intenções dos outros. Ao interagir com pessoas, observe as sensações e impressões que você recebe intuitivamente. Preste atenção aos sinais de ressonância ou dissonância e use-os para orientar suas interações e relacionamentos. O símbolo "ARCTURAN'ANN" pode ser usado como um lembrete para confiar em sua intuição ao se conectar com os outros.

Na saúde e no bem-estar, a intuição pode nos ajudar a entender as necessidades do nosso corpo, mente e espírito. Ao tomar decisões relacionadas à nossa saúde, ouvir nossa intuição pode nos orientar na escolha de alimentos, práticas de exercícios e cuidados pessoais adequados. Utilize o símbolo "ARCTURAN'ANN" como um lembrete constante de que sua intuição é uma voz sábia a ser ouvida em relação à sua saúde e bem-estar.

Além disso, a intuição pode ser aplicada em outras áreas da vida, como criatividade, finanças, planejamento e muito mais. Ao se envolver nessas atividades, permita-se abrir para os insights intuitivos. Esteja aberto para receber ideias criativas, soluções inovadoras e orientação em relação às suas finanças e planos futuros. O símbolo "ARCTURAN'ANN" pode servir como um lembrete constante de que a intuição é uma força poderosa a ser integrada em todas as áreas da vida.

Ao aplicar a intuição em todas as áreas da vida diária, estaremos nos alinhando com uma sabedoria mais profunda e holística. Ao utilizar o símbolo "ARCTURAN'ANN" como um lembrete constante, estamos fortalecendo nossa conexão com a intuição e incorporando-a em todas as escolhas e ações que tomamos.

Expandindo os limites da intuição é abrir-se para o desconhecido e estar disposto a explorar novos horizontes. A intuição não se limita apenas às informações e conhecimentos adquiridos pessoalmente, mas também pode acessar uma fonte mais ampla de sabedoria coletiva. Isso significa sintonizar-se com o campo de consciência compartilhado por todos os seres e acessar insights e informações que vão além de nossa compreensão individual.

Uma maneira de expandir os limites da intuição é através da prática de meditação e contemplação. Ao silenciar a mente e se abrir para o fluxo da consciência, podemos acessar camadas mais profundas de sabedoria intuitiva. Utilize o símbolo "ARCTURAN'ANN" como um ponto focal durante essas práticas avançadas, permitindo que ele amplie sua conexão com a intuição em níveis mais elevados.

Outra maneira de expandir os limites da intuição é através da conexão com a natureza e os elementos ao nosso redor. Ao nos sintonizarmos com a energia da terra, dos animais, das plantas e dos elementos naturais, podemos acessar informações intuitivas que vão além de nossa experiência pessoal. Observe os padrões e sinais na natureza e permita que eles inspirem e orientem sua intuição.

Além disso, podemos expandir os limites da intuição ao nos conectarmos com a sabedoria ancestral e espiritual. Ao estudar e explorar tradições antigas e filosofias espirituais, podemos acessar os ensinamentos e insights transmitidos ao longo dos tempos. Utilize o símbolo "ARCTURAN'ANN" como um canal para se conectar com essas tradições e permitir que sua intuição seja enriquecida por esses conhecimentos profundos.

À medida que expandimos os limites da intuição, é importante estar aberto para receber informações e insights que podem desafiar nossas crenças e conceitos preexistentes. Às vezes, a intuição nos guiará para além do que é familiar e confortável, levando-nos a explorar territórios desconhecidos. Esteja disposto a se aventurar nesses espaços e confie na sabedoria intuitiva que o acompanha.

Refletindo sobre a jornada de despertar e fortalecer a intuição. Celebrando os resultados alcançados e os aprendizados adquiridos. Encorajando os leitores a continuarem a explorar e cultivar a conexão com sua sabedoria interior com o auxílio do símbolo "ARCTURAN'ANN".

Chegamos ao fim desta jornada de exploração da intuição e da geometria sagrada arcturiana. Ao longo dessas páginas, mergulhamos fundo em um universo rico de sabedoria e conexão intuitiva. Agora é o momento de refletir sobre tudo o que aprendemos e celebrar os resultados alcançados em nossa jornada.

Ao longo deste livro, discutimos a importância da intuição como uma poderosa ferramenta de orientação e sabedoria. Exploramos como o símbolo "ARCTURAN'ANN" pode ser utilizado para despertar e fortalecer a intuição, conectando-nos com nossa sabedoria interior e com a energia dos arcturianos.

Desde o despertar da intuição até a integração da sabedoria interior em todas as áreas de nossa vida, exploramos temas como desbloquear o canal intuitivo, interpretar os sinais intuitivos, aprofundar a comunicação com o Eu Superior, utilizar a intuição na tomada de decisões, cultivar a confiança na intuição, integrar a intuição na vida diária, expandir os limites da intuição e refletir sobre a jornada de despertar e fortalecer a intuição.

Nesse momento, é importante celebrar os resultados que alcançamos em nossa jornada pessoal. Talvez tenhamos desenvolvido uma maior clareza e confiança em nossa intuição, aprendido a reconhecer e interpretar os sinais intuitivos ou incorporado a intuição em nossas decisões diárias. Cada passo que damos em direção ao fortalecimento da intuição é um motivo para celebrar.

No entanto, é essencial lembrar que a jornada da intuição é contínua. Não há um ponto final definitivo, mas sim uma evolução constante. Encorajo você, leitor, a continuar explorando e cultivando sua conexão com sua sabedoria interior e a geometria sagrada arcturiana.

Utilize o símbolo "ARCTURAN'ANN" e outros da Geometria Sagrada como aliados em sua jornada. Mantenha-o presente em sua prática diária, meditações e momentos de reflexão. Permita que ele seja um lembrete constante da importância da intuição em sua vida e da conexão com sua sabedoria interior.

Lembre-se de que a intuição é uma habilidade que pode ser aprimorada com a prática e a dedicação. À medida que continuamos a cultivar nossa intuição, estaremos abrindo portas para uma vida mais alinhada, autêntica e cheia de sabedoria.

Agradeço por acompanhar essa jornada e espero que este livro tenha sido uma fonte de inspiração e guia em sua busca pela expansão da intuição e do autoconhecimento. Que a geometria sagrada arcturiana continue a iluminar seu caminho e a conduzi-lo para uma conexão mais profunda consigo mesmo e com o universo.

Que sua jornada da intuição seja uma fonte de crescimento contínuo, aprendizado e maravilhas. Lembre-se sempre de confiar em sua sabedoria interior e de explorar as infinitas possibilidades que a intuição pode oferecer. Continue acreditando em si mesmo e no poder transformador da intuição.

Que a geometria sagrada arcturiana continue a inspirar e elevar seu ser, conectando-o com a essência divina que habita dentro de você. Que você possa aplicar os ensinamentos e práticas compartilhados neste livro em sua vida diária, criando um caminho de conexão e sabedoria que se estende para além das páginas escritas.

Que a jornada da intuição nunca cesse e que sua conexão com a geometria sagrada arcturiana seja um farol de luz em sua vida. Continue a explorar, a aprender e a crescer. Que cada passo adicional em direção à expansão da intuição seja uma bênção em sua vida.

Agradeço por ter compartilhado essa jornada com você e espero que você continue a explorar, a crescer e a conectar-se com sua intuição e com sua sabedoria interior. Que a geometria sagrada arcturiana continue a ser uma fonte de inspiração e transformação em sua vida.

Até aqui chegamos nesta jornada de descoberta e fortalecimento da intuição. Que seu caminho seja iluminado pela sabedoria interior e pela geometria sagrada arcturiana. Desejo-lhe muitas bênçãos em sua contínua jornada intuitiva.

Que a sabedoria dos arcturianos o acompanhe sempre, guiando-o em sua jornada para uma vida mais alinhada com sua essência divina. Continue explorando, aprendendo e crescendo. A jornada da intuição é infinita, e seu potencial é ilimitado.

Agradeço novamente por ter me acompanhado nesta jornada de exploração da geometria sagrada arcturiana e da intuição. Que você continue a se conectar com sua sabedoria interior e a expandir sua consciência. Lembre-se sempre do poder da intuição em sua vida e permita que Geometria Sagrada seja guia constante em seu caminho. Que sua jornada intuitiva seja cheia de luz, amor e transformação.

Esta é a conclusão desta jornada, mas lembre-se de que a conexão com a intuição e a sabedoria interior é um processo contínuo. Continue a explorar, a aprender e a crescer em sua jornada pessoal. Que a Geometria Sagrada arcturiana continue a iluminar seu caminho e a guiá-lo em direção a uma vida mais autêntica, alinhada e cheia de sabedoria.

Agradeço novamente por ter me acompanhado nesta jornada, e desejo-lhe todo o amor, a luz e a sabedoria em sua contínua busca pela expansão da intuição. Que os símbolos permaneçam como um lembrete constante de sua conexão com a geometria sagrada arcturiana e com sua sabedoria interior.

Continue explorando, aprendendo e cultivando sua intuição, pois a jornada é eterna e sempre há mais a descobrir. Que sua conexão com a sabedoria interior continue a guiá-lo em todos os aspectos de sua vida, trazendo-lhe clareza, confiança e paz.

Que a jornada da intuição seja uma fonte de inspiração e crescimento contínuo.

Que você se sinta fortalecido em sua conexão com sua sabedoria interior e capaz de enfrentar os desafios da vida com confiança e discernimento.

Agradeço por ter me acompanhado ao longo deste livro e espero que ele tenha sido uma fonte de inspiração e orientação em sua jornada intuitiva. Que você continue a explorar e cultivar sua intuição, abrindo-se para um mundo de possibilidades e sabedoria interior.

Que a geometria sagrada arcturiana continue a ser um farol em sua vida, lembrando-o de sua conexão com o universo e com sua verdadeira essência. Que você siga em frente com confiança, amor e gratidão, sempre honrando sua intuição e permitindo que ela o guie em todos os aspectos da vida.

Desejo-lhe uma jornada contínua de crescimento, despertar e integração da intuição em sua vida. Que a Geometria Sagrada permaneça como um lembrete constante de sua conexão com a sabedoria interior e como um guia em sua jornada espiritual.

Obrigado por acompanhar esta jornada, e que sua jornada intuitiva continue a florescer e a iluminar o caminho para uma vida mais autêntica, alinhada e plena de sabedoria.

Fim

www.ingramcontent.com/pod-product-compliance
Lightning Source LLC
LaVergne TN
LVHW040101080526
838202LV00045B/3728